누구나 한 달 만에
유튜브 구독자
1,000 명 만들 수 있다

**누구나 한 달 만에
유튜브 구독자
1,000 명 만들 수 있다**

초판 1쇄 발행   2023년 8월 31일

지은이   임경민(셀피디렉터, 똑띠) 잡빌더 로울
발행인   곽철식
펴낸곳   ㈜ 다온북스

마케팅   박미애
디자인   박영정
인쇄와 제본   영신사

출판등록   2011년 8월 18일 제311-2011-44호
주소   서울시 마포구 토정로 222, 한국출판콘텐츠센터 313호
전화   02-332-4972   팩스   02-332-4872
전자우편   daonb@naver.com

ISBN 979-11-93035-11-5 (13320)

- 다온북스는 독자 여러분의 아이디어와 원고 투고를 기다리고 있습니다.
  책으로 만들고자 하는 기획이나 원고가 있다면, 언제든 다온북스의 문을 두드려 주세요.

누구나 한 달 만에
유튜브 구독자
1,000 명
만들 수 있다

임경민, 잡빌러 로울 지음

다온북스
DAON BOOKS

"유튜브 구독자 1,000명? 그거 아무나 하는 거야!"

초등학생들에게 장래 희망이 무엇이냐고 물어보면 과거에는 의사, 변호사, 교사와 같은 일면 '사'자 직업이 순위에 올랐습니다. 하지만 이제는 '유튜버', '크리에이터'가 당당하게 순위에 올라갑니다. 그만큼 대중에게 친숙한 직업이고 대중에게 미래가 보장된 위치까지 올라와 있다는 것입니다.

유튜버의 수익 구조는 복잡한 공식이 있긴 하지만, 단순하게 보면 영상 조회 수로 수익이 달라집니다. 열심히 콘텐츠를 만들고 업로드하면 찍힌 조회 수에 비례하여 내 통장에 들어오는 수익이 늘어납니다. 콘텐츠를 만들기 위해 들어간 비용만 투자하면 알아서 유튜브 광고비용으로 수익이 발생합니다. 게다가 유튜버가 얻는 수익은 영상 조회 수 수익만 있는 게 아닙니다. 출간, 강연 · 강의, 콜라보 콘텐츠 제작 등 다른 수익을 올릴 수도 있습니다. 잘만 하면 최고의 효율을 뽑을 수 있는 수익원인 셈이죠.

어느 직장처럼 시험을 통과해야 하는 것도 아니고 자영업처럼 매출을 따지지 않아도 됩니다. 누구든지 나만의 영상을 만들어 〈1년 안에, 구독자 1,000명, 시청시간 4,000시간〉을 달성하기만 하면 유튜브의 모든 수익 창출 기능을 사용할 수 있습니다. (쇼츠 영상은 90일 안에, 구독자 1,000명, 조회 수 1,000만 회)

누구든지 조건 없이 얻을 수 있는 수익. 부업으로 가볍게 시작해서 안정권에 들어서면 주업으로 전환할 수 있습니다. 굉장히 매력적이죠.

그런데 문제는 구독자 1,000명이 되기 전에 대부분 포기한다는 것입니다. 저 역시 많이 실패하고 다시 도전하길 반복해서, 이제는 누구보다 구독자 천 명에 쉽게 도달하는 방법을 알게 되었습니다.

'유튜버, 퇴사'

직장인 2대 허언이라며 온라인에서 우스갯소리로 떠도는 말입니다. 유튜버를 하고 싶은 마음은 있지만, 당장 시작하지 못하는 이유가 뭘까요? 정신없이 일하다 잠깐 짬이 나면 달콤한 쪽잠이 자고 싶고, 지친 몸으로 퇴근한 저녁 시간에는 맥주 한 캔이 고프고, 또 침대는 왜 그렇게 푹신해 보이는지. 늘 하고 싶은 마음뿐, 우선순위는 항상 밀립니다. 그러다 어렵게 유튜버로 발을 디딘 순간부터 수많은 시행착오를 겪습니다. 굳이 겪지 않아도 되는 건데 말이죠. 이 책을 쓴 이유이기도 합니다.

제가 운영하는 유튜브 채널은 철저한 실패에서부터 탄생했습니다. 수많은 채널을 말아먹는 동안 실패 경험이 켜켜이 쌓였고, 그 덕분에 구독자 천 명 정도는 쉽게 만드는 공략법이 생겼습니다. 당신은 이 책을 통해 제가 겪은 실패를 먼저 들여다보게 될 겁니다. 이 책을 읽는 2시간이 당신의 1년을 아낄 수 있는 디딤돌이 된다고 확신합니다.

이 책은 예술적인 채널을 만드는 법이 아니라, 돈이 되는 채널을 만드는 법을 알려줍니다. 5시간 동안 공들여서 촬영하는 법이 아니라, 출근하는 길에 짬 낸 10분 동안 쓸 만한 영상을 촬영하는 법을 말합니다. 오랜 시간 한 땀 한 땀 편집하는 법이 아니라, 단 10분 만에 자연스럽게 편집하는 법에 대해 이야기합니다.

"유튜브 한 번 해볼까?"라는 가벼운 마음으로 채널을 시작한 사람, 이미 채널을 갖고 있으나 기대에 못 미치는 결과 때문에 1년째 새로운 동영상을 전혀 업로드하지 않는 사람. 모두가 책을 읽은 후, 이 말이 마음속에 떠올랐으면 좋겠습니다.

"유튜브 구독자 1,000명? 그거 아무나 하는 거야!"

2023년 8월

차례

☑ 권말부록
누구나 콘텐츠 크리에이터가 될 수 있다.

01장

구독자 천 명,
정답은 없다.

2:15 / 6:55

구독자 천 명?
그거 금방 하는 거 아니야?

"구독자 천 명? 그거 금방 하는 거 아니야?"

유튜브 채널을 시작하기 전에는 그런 줄로만 알았습니다. 그도 그럴 것이 내가 재미있게 보는 유튜브 채널의 구독자는 십만 명입니다. 백만 명이 넘는 채널도 제법 보입니다. 나도 채널을 만들고 동영상을 올리기만 하면 금방 내 구독화면에 있는 유튜버들처럼 될 것 같았습니다.

'조회 수 없음.'

기대하는 마음으로 동영상을 업로드 합니다. 10분이 흘러도, 1시간이 지나도 여전히 조회 수 없음 상태입니다. 이상합니다. 동영상에 오류가 있나 싶어 급하게 스마트폰을 켜서 내 유튜브 채널에 들어가 봅니다. 동영상은 잘 재생됩니다. 그때 조회 수가 '1' 오릅니다. 그제야 깨닫습니다. 내 유튜브 채널, 동영상은 아무 문제가 없습니다. 단지 보는 사람이 없는 것일 뿐인 겁니다. 그래도 혹시나 하는 마음으로 시간 단위로 조회 수를 확인하다 보니 하루가 지났습니다. 조회 수가 늘기는 늘었습니다.

'조회 수 13, 좋아요 0'

내 동영상을 보는 시청자가 없으니 당연히 구독자도 늘지 않았습니다. 그때부터 마음이 초조해집니다. 평일 바쁜 하루 중에 계속 짬을 내어 동영상을 촬영했습니다. 주말 이틀을 다 바쳐 컴퓨터와 씨름하며 편집해서 만든 겁니다. 처음부터 구독자 10만 명까지는 바라지 않았지만, 구독자 0명 상태가 일주일이나 이어질 거라고는 전혀 생각하지 못했습니다. 이제는 지인들을 동원하기 시작합니다. 분명 처음에는 아무에게도 알리지 않고 유튜버로 어느 정도 성공한 뒤에 알리기로 다짐했건만, 친한 순서대로, 또 할 수 있는 만큼 내 동영상 링크가 담긴 메시지를 보냅니다.

'구독자 100명'

뿌린 만큼 거두기는 했습니다. 그런데 문제는 지금부터입니다.

구독자 1명이 늘어나는 게 참 더딥니다. 한 달이 지나도 몇 명 늘어나지 않습니다. 지금까지 구독하고 있던 유튜버들이 새삼 대단해 보입니다. 그때부터 왜 내 동영상을 시청하는 사람은 아무도 없는지, 또 시청하는 사람이 왜 구독을 누르지 않는지 고민하기 시작했습니다. 물론 고민은 금방 끝나고 꽃길이 펼쳐질 줄 알았습니다.

그런데 웬걸요. 유튜브 채널 5개를 말아 먹었습니다. 그러기를 반복해 1년이 지났습니다. 이제는 보입니다. 어떻게 동영상을 기획해야 하는지, 기획 후에는 어떻게 촬영하고 편집해야 하는지, 또 업로드할 때 썸네일과 제목을 어떤 식으로 작성해야 하는지. 왜 이전 채널은 실패한 건지, 너무 또렷하게 보입니다.

혹시 과거의 저처럼 '지금 유튜브 해볼까'라는 마음이 생기시나요? 아니면 늘지 않는 조회 수와 구독자에 지쳐 유튜브 계정이 있는지조차 잊어버린 상태인가요? 그렇다면 이 책이 분명히 도움이 될 겁니다.

나보다 시청자가
더 재밌어야 한다.

"너희 부부 진짜 재밌어, 혹시 유튜브는 안 해?"

친구가 느닷없이 던진 말이 솔깃하게 들렸습니다. 첫 유튜브 채
널은 그렇게 시작됐습니다. 우리 부부 일상을 담아서 추억으로 남
기고 싶기도 했고, 또 '운이 좋으면 인플루언서가 될 수 있지도 않
을까'라는 생각도 솔직히 있었습니다.

"울부짖는 부부"

처음으로 만든 유튜브 채널명입니다. 어떤 콘텐츠를 담는 채널인
지 감이 오나요? 혹시 부부가 서로 울부짖으며 싸우거나, 장난치면
서 서로를 괴롭히는 채널 같지 않은가요? 사실은 서울과 부산을 오
가는 유쾌한 부부의 하루를 담은 채널입니다. 서울 남편에서 따온

'울'과, 부산 아내에서 따온 '부'에 주말부부를 떠올리는 '가로지르는'을 붙여 만든 겁니다. 문제는 누구도 이렇게 생각하지 않았다는 것입니다. 구독자 천 명 달성이 어려웠던 첫 번째 이유입니다.

채널명을 만드는 방법에 대해서는 뒤에서 자세히 다루겠습니다. 먼저 간단하게 이야기하면 채널명은 책으로 치면 제목입니다. 책은 제목만 봐도 이 책이 어떤 내용인지 알 수 있죠.

앞으로 이 채널에서 어떤 콘텐츠를 다룰지 시청자가 예측할 수 있도록 채널 이름을 정해야 합니다. 기대감이 들면 더 좋습니다. 이 사실을 미리 알았다면 〈울부짖는 부부〉라는 채널명은 만들지 않았을 것입니다.

이 채널이 망한 이유는 또 있습니다. 바로 나만 재미있었다는 것입니다. 내가 재미있으니 남들도 재미있을 거라 여긴 겁니다. 동영상 결과는 어땠냐고요? 여러분들이 예상하시는 그대로입니다.

울부짖는 부부의 첫 영상은 '따라 하기 콘텐츠'였습니다. 좋아하는 가수의 노래를 따라 부르는 과정을 담았습니다. 가수 Crush의 노래, 눈이 마주친 순간에 맞춰 남편과 제가 익살스러운 표정으로 노래를 따라부르는 식으로 말입니다. 또 인물 보정 어플인 SNOW까지 사용했습니다.

이 콘텐츠는 어떻게 만들어진 걸까요? 물론 남편과 제가 책상에 머리를 맞대고 앉아 대본·스토리보드 회의를 하지는 않았습니다. 일요일 저녁에 소파에 앉아 TV를 보며 월요일 출근 걱정을 하다 보니 만들어졌습니다. 휴일 다음 출근 날에는 어디론가 외출하기는 부담스럽고, 집에 가만히 있기는 지루합니다. 그때 스마트폰을 연신 들여다보다가 SNOW 어플을 발견한 겁니다. 인물을 동물로 바꿔주기도 하고, 어린아이나 화려한 배우로 만들어주기도 하는 모습에 집안에 웃음소리가 퍼지기 시작합니다. 어플만 사용하니 왠지 조금 심심해 보입니다. 남편이 즐겨 듣던 노래를 틀어두고 따라 하니 재미가 더해집니다. 월요병이 사라집니다. 재빠르게 이 모습을 동영상으로 만들면 재미있을 것만 같다는 생각에 녹화 버튼을 급히 누릅니다.

유튜브 콘텐츠 주제를 정할 때는 내가 재미있고 관심 있는 것으로 하는 게 좋습니다. 이후 그 주제를 다른 사람에게 전달할 때는 한 가지 조건이 더 생깁니다. 나보다 남들이 더 재미있어야 합니다. 콘텐츠를 만들기 전, 우선 머릿속에 이 말부터 먼저 떠올려 봅시다.

"이거 나만 재미있는 거 아니야?"

만약 울부짖는 부부의 첫 영상을 같은 주제로 다시 만들어야 한다면 이렇게 만들 겁니다.

- 미래 2세 얼굴 10초 만에 보는 방법
- 무조건 2배 예뻐 보이는 셀카 찍는 방법
- 딱 1번 찍으면 인생 샷 생기는 비밀 어플

내가 즐겁게 사용한 어플 속 기능 중에서, 시청자도 재미를 느낄 만한 것만 뽑아 소개하는 겁니다.

'공감', '유익함', '캐릭터'

콘텐츠 속에 이 3가지가 들어있으면 시청자의 시선을 붙잡아 둘 수 있습니다. 동영상 시작부터 시청자가 "나도 겪었던 상황인데!"라거나 "이 정보를 나는 왜 몰랐을까?"라는 생각이 들면 끝까지 보게 됩니다. 또 "이 사람 괜찮네"라면서 인간적인 매력을 느끼면 더 좋습니다.

만약 여러분이 먹방 유튜브 채널을 만들었다고 가정해 봅시다. 그러면 첫 동영상은 어떻게 만들 건가요? 먼저 군침이 나올 만큼 맛있어 보이는 음식이 있어야 하겠죠. 달콤한 디저트를 일렬로 세울 수도 있고, 매운 해물찜을 펼쳐둘 수도 있습니다. 음식을 가득 쌓았다면 이제는 먹을 차례입니다.

이때 누군가는 얼굴을 반쯤 가리고 입술만 내놓은 채로 화면 가득 쌓인 음식을 먹으면서 나는 소리를 담고, 또 다른 누군가는 화면에 음식 없이 혼자 나와 건강에 좋은 음식을 쉽게 만드는 방법을 설명합니다. 두 사람 모두 맛있는 음식을 먹고 만드는 것에 관심이 있지만, 표현하는 방법이 다릅니다.

음식을 먹기만 하면 보는 시청자는 '저 사람이 맛있는 음식을 먹는구나.' 정도로만 생각합니다. 그런데 맛있게 먹는 소리를 적나라하게 들려주면 '나도 저 음식 먹고 싶다.'라는 마음이 듭니다. 당장 같은 음식을 주문하거나, 예전에 먹었던 경험이 떠올라 댓글을 남길지도 모르죠. 공감하는 겁니다.

건강에 좋은 음식을 보여주기만 하면 시청자는 '건강에 좋은 음식이구나' 정도로만 생각합니다. 그런데 건강에 좋은 음식을 쉽게 만드는 법을 알려주면 댓글창에 이런 내용 들이 생깁니다. "자주 먹는 음식인데 이렇게 쉽게 할 수 있다는 걸 몰랐어요!" 내게는 별것 아니지만, 남들에게는 색다른 팁처럼 느껴질 수 있습니다. 유익함은 이렇게 만들어집니다.

내 동영상을 보고 난 후, 만약 시청자가 음식을 주문하거나 요리하는 것처럼 새로운 행동을 한다면 더 좋습니다. 재미를 느끼는 것을 넘어서서 구독 버튼을 누를 확률이 높기 때문입니다.

어설프게 꾸미는 것보다
차라리 꾸미지 않은 것이 낫다.

학교 수업 과제로 UCC를 만든 적이 있나요? 배우로 출연하기 위해 카메라 앞에 섰을 때를 떠올려 봅시다. 나도 모르게 온몸이 굳어서 로봇처럼 움직이면서 어색한 미소 짓느라 입술에 경련이 날 지경입니다. 또 평소에는 절대 쓰지 않는 말투로 속마음과는 전혀 다른 이야기를 하진 않았나요? 유튜브 영상을 촬영할 때도 마찬가지인 사람들이 있습니다. 물론 저도 그랬습니다.

"신입사원 여러분, 첫 출근날에는 40분 전에 무조건 도착해야 합니다."

두 번째로 만든 유튜브 채널, '주부임쌤' 첫 영상의 대본입니다. 이 말을 직장인들 앞에서 꺼냈다면 있는 대로 눈총을 받았겠죠. 사회생활 경험이 적어서 잘 모르고 한 말 아니냐고요? 안타깝게도 몇 년이나 직장생활을 한 프로 직장인이었습니다. 그때 난생처음 날이 잔뜩 선 댓글을 받아봤습니다.

진짜로 하고 싶은 말은 '출근 시간 눈치 보지 말아라' 였는데, 입으로 나오는 말은 출근 시간은 상사 눈치를 봐야 하니 더 일찍 출근하라 라는 말이 나왔습니다. 나도 모르게 진짜 속마음과 다른 말과 행동을 한다면 '있어 보이고 싶은 마음'이 드는 건 아닌지 살펴볼 때입니다. 있어 보인다는 말은 내가 남들에게 보이고 싶은 모습으로 보이려고 애를 쓴다는 말입니다. 그 모습이 나와 딱 맞는다면 더할 나위 없겠지만, 코드가 맞지 않을 때 문제가 생깁니다.

"강사처럼 보이고 싶다."

〈주부임쌤〉채널에서는 주부임쌤이라는 강사가 나와 일상 · 주부 · 직장생활에 관련된 내용으로 강의를 합니다. 똑 부러지고, 말 잘하는 강사로 보이고 싶은게 문제였습니다. 평생 갖고 있던 '말하기'라는 숙제를 해결하기 위해 부단히 노력하다 보니 어느 순간 주변에서 말을 잘하는 사람이란 소리를 점점 듣게 됐고, 결국엔 강사라는 꿈까지 생겼으니 얼마나 잘하고 싶었을까요.

내가 가진 것보다 더 큰 것을 바랄 때 체하기 마련입니다. 결국 "퇴근 시간에 예쁨을 받으면서 퇴근하는 법"이라는 주제로 다른 영상을 업로드 하고 나서야 알았습니다. 이전과는 비교가 안 되는 높은 수위의 비판 댓글이 달리기 시작했거든요. 이럴 때는 차라리 있는 모습, 솔직함을 그대로를 보여주는 것이 더 좋습니다.

있는 모습 그대로, 솔직함을 보여준다는 것은 어떤 걸까요? 편한 모습, 혹은 날 것의 모습을 그대로 보여주는 걸까요? 마치 가족이나 친구들과 있을 때 모습처럼요.

저는 가족이나 친구들과 있을 때는 편한 옷차림으로 익살스러운 표정을 지으며 짓궂은 말을 하기도 하고, 실없는 농담을 던지기도 합니다. 그런데 사회생활을 할 때는 다릅니다. 정갈한 옷차림으로 단정한 표정을 지으며 필요한 말만 합니다.

두 가지 중 어떤 모습이 솔직한 모습일까요? 사실 두 가지 다 진짜 제 모습입니다. 단지 누구를 만나는지, 어디서 만나는지에 따라 표현 방식이 조금 다를 뿐입니다. 옷을 잘 입는 사람은 TPO(Time, place, occasion)에 맞춰 코디합니다. 모습도 마찬가지입니다. 언제, 어떤 장소에서, 어떤 상황에 있느냐에 따라 다릅니다. 직장과 집에서 내 모습이 다른 이유는 단지 상황에 맞는 표현 방식을 갖췄기 때문입니다.

누군가에게 솔직한 모습을 보이는 첫 번째 방법은 상황에 맞는 여러 가지 표현 방식을 배우는 겁니다. 학생이 사회생활을 처음 시작할 때를 떠올려 봅시다. 학교에서 사용하던 은어는 쓰지 않고,

직장에서 사용하는 전문 용어, 예의와 격식을 차린 행동과 말투를 배워갑니다. 유튜브 세계도 마찬가지입니다.

스스로가 편하게 느끼되, 남들이 불편함을 느끼지 않는 모습을 찾아야 합니다. 카메라 앞에 자주 서 봅시다. 그러면 유튜브 세계에도 맞고, 내게도 맞는 모습을 발견할 수 있을 겁니다.

두 번째 방법은 잘하고 싶은 마음을 경계하는 겁니다. 제대로 마음을 먹고, 힘이 잔뜩 들어간 채로 무언가를 시작해본 경험이 있나요? 갓 발급받은 운전면허를 갖고 도로에 나갈 때를 떠올려 봅시다. 내 마음은 분명 F1 드라이버인데, 몸은 범퍼카를 처음 타는 어린아이처럼 자꾸만 몸이 움츠러듭니다. 초보일 때는 초보 티가 나는 게 당연합니다. 잘하고 싶은 마음이 크면 클수록 낯선 모습의 나를 만나게 됩니다. 그럴 때는 선언을 하는 게 도움이 됩니다. 이 말을 동영상을 만들 때마다 떠올리거나, 시청자에게 건네 봅시다.

"여러분, 저는 지금 초보예요. 하지만 점점 나아질 겁니다!"

남들을 따라가면 결국엔 혼자 남는다.

　남들도 재미있는 주제를 선택하고, 솔직한 내 모습을 담은 동영상을 만들었습니다. 그런데 이상하게도 내 유튜브 채널이 너무 조용합니다. 다른 채널에는 하루에도 몇 백 명씩 새로운 구독자가 생기는데, 내 채널에는 댓글 하나 달리지 않습니다. 사실 유튜브 채널 개설 초기에는 이 모습이 당연하지만, 크리에이터 입장에서는 알면서도 조바심이 드는 건 어쩔 수 없습니다. 지금 만들고 있는 동영상에 문제가 있는 건지, 그렇다면 어떻게 해야 하는지 몰라 혼란스럽기 때문입니다. 그럴 때면 나도 모르게 내가 가진 것보다 남의 것에 더 눈이 갑니다.

　"요새는 블랙 코미디가 대세로구나!"

　제가 만든 세 번째 채널, 〈직장해우소〉는 이렇게 만들어졌습니다. 이때는 어두운 분위기 속 인물이 날카로운 말투로 세간의 주목을 받는 사건을 비판하거나, 풍자하는 콘텐츠가 유독 많은 시기였습니다. 그래서 저 역시 직장생활과 관련된 이야기 중, 무거운 주제만 골라 비판하는 콘텐츠를 만들었습니다.

"직장인 여러분, 회사 욕하러 오세요." 직장해우소 첫 동영상 썸네일에 쓰인 글귀입니다. 직장해우소 채널은 동영상 3개 업로드를 마지막으로 문을 닫았습니다. 이유는 간단합니다. 콘텐츠 분위기나 내용이 저와 맞지 않았기 때문입니다. 최대한 블랙 코미디에 맞는 주제를 찾아 선택하고, 말투나 모습도 다르게 촬영하다 보니 평소보다 시간이 배로 들었습니다. 동영상 대본을 쓰다가 한참 모니터 화면만 바라보기도 하고, 한 컷을 몇 번이나 다시 찍었습니다. 심지어 편집을 완료한 동영상을 처음부터 다시 만들기도 했습니다. 새로운 형식이 익숙하지 않아 그렇다고 하기에는 동영상을 제작하는 모든 과정이 하기 싫은 숙제를 억지로 하는 것 같은 마음이 들었습니다.

트민남, 트민녀. 트렌드에 민감한 남자와 여자를 일컫는 신조어입니다. 유행하는 물건이나 문화를 빠르게 알아차리고 실행하는 사람들이 많아지면서 나온 말입니다. 여러 가지 경험을 하면 할수록 나도 몰랐던 내 취향을 발견할 수 있고, 나아가 삶을 윤택하게 갈고 닦을 수도 있습니다. 그러나 모든 일을 할 때, 그 중심에는 내가 있어야 합니다. 남들이 좋아한다고 해서 쫓아가기만 하면 같은 일을 해도 만족감이 떨어지고, 무언가가 잘 못 되어 가고 있다는 생각에 오히려 속도가 더뎌집니다. 유튜브 동영상을 만들 때도 마찬가지입니다. 콘텐츠 제작 트렌드를 잘 이해하는 것과 무작정 모방하는 것은 차이가 있습니다.

트렌드를 읽는 것도 중요하지만, 그보다 더 집중해야 할 것은 나와 내 콘텐츠가 트렌드와 얼마나 잘 맞는지를 살펴보는 일입니다. 다음과 같은 표를 직접 만들어봅시다.

내 콘텐츠 특성	트렌드 특성
편안한	격식 있는
활기찬	차분한
따뜻한	근엄한
수다스러운	논리적인
똑 부러지는	똑 부러지는
드라마 형식	정보 전달식
유머스러운	카리스마 있는

위 표, 왼쪽에는 나와 내 콘텐츠를 설명하는 단어들을 적고, 오른쪽에는 트렌드 특성에 대해 써 내려가 보는 겁니다. 표를 만들고 나서는 첫 번째로 왼쪽과 오른쪽 단어 사이에 공통점이 얼마나 있는지 살펴봅시다. 공통점이 많으면 많을수록 트렌드 대로 동영상

을 제작하는 것이 편안하게 느껴질 수 있습니다. 만약 공통점보다 차이점이 많다면, 이 트렌드로 동영상을 만들 때 내가 좋아하고 잘할 수 있는 것인지 혹은 꼭 한 번은 해보고 싶은 것인지 다시 한 번 생각해 봅시다. 확신이 든다면 트렌드에 맞는 콘텐츠 만들기를 시도할 준비가 된 겁니다. 그렇지 않다면 다른 콘텐츠를 다시 찾아봐야 합니다.

각 잡고 하면 당연히 쟤보다는 잘하지!

"내가 퇴사하고 각 잡고 제대로 유튜브 하면, 쟤보다 무조건 잘할 수 있어!"

직장인 시절에 동료들과 유튜브를 주제로 이야기를 나눌 때마다 꼭 나오던 말입니다. 퇴사를 꿈꾸는 직장인의 한탄 섞인 말이니, 너무 진지하게 그 의미를 되새김질하지 않아도 괜찮습니다. 여기서 집중하고 싶은 단어는 퇴사가 아니라, '각 잡고 제대로'입니다.

시험공부를 하기 전에는 이상하게 자꾸만 책상 위를 정리하고 싶고, 책장에 꽂힌 문제집을 순서대로 정돈하고 싶습니다. 다가올 현실을 모르는 척하고 싶기도 하고, 공부하기에 좋은 환경을 완벽하게 만들어 놓고 공부를 시작하고 싶은 마음이 들기 때문입니다. 왠지 그러면 공부 능률이 더 오를 것 같습니다. 만약 여러분도 저와 같은 경험이 있다면, 정리정돈을 하다가 아침 해가 뜨는 모습을 함께 봤을지도 모르겠습니다.

제대로, 각 잡고.

내가 잘하고 싶은 일이 생기면 의욕에 불타 일을 하기 전부터 모든 준비를 완벽하게 하려는 마음이 듭니다. 누구보다 잘할 수 있을 것 같다는 생각이 들 때, 제가 가장 조심하는 마음입니다. 제대로, 각 잡고 했는데도 결과가 좋지 못하면, 크게 실망합니다. 마치 1층에서 지하 50층으로 한순간에 떨어지는 것과 같은 마음을 느낄 수 있죠.

처음으로 200명이 되는 사람 앞에 서서 강연을 하게 된 날에 있던 일입니다. 누구보다 완벽하게 준비해서 잘 해내고 싶다는 생각으로 무대에 올라섰을 때, 다시는 겪고 싶지 않은 일이 벌어졌습니다. 제 눈앞에 아무것도 보이지 않고, 어떠한 생각도 떠오르지 않은 겁니다. 제대로 각 잡고 준비했다가 이날부터 한 달 동안 마음이 지하 50층에 머무른 듯 했습니다.

직장인 시절부터 남들 앞에 선 수많은 순간 중에, 단 한 번도 블랙아웃을 겪은 적이 없었습니다. 그런데 가장 중요한 순간에 이런 일이 일어나다니. 한동안 트라우마에서 벗어나기 힘들었습니다. 그때는 다음에 잘하면 된다는 위로의 말도 귀에 제대로 들어오지 않습니다. 모든 책임이 나에게 있는 것 같고, 앞으로 내 미래는 구렁텅이에 굴러 떨어질 일만 남은 것 같았습니다. 저는 여러분이 저와 같은 경험을 하지 않았으면 좋겠습니다.

어떤 일을 할 때, 완벽하게 준비한 만큼 원하는 것을 이뤄낼 수 있다면 얼마나 좋을까요. 실제로 그 일을 해내는 사람들도 분명 있습니다. 본능적으로 팔리는 콘텐츠가 뭔지 알고서 기가 막힌 아이디어로 기획을 하고, 처음 배운 편집도 순식간에 능숙해 집니다. 심지어 다른 사람들에게 알려주기까지 합니다. 그런 사람들에게는 제대로 하고자 하는 마음이 강한 추진력이 될 수 있습니다.

문제는 내가 그런 사람이 아닌데, 나도 모르게 제대로의 함정에 빠질 때입니다. 수십 번이나 이 함정에 빠지다 보니 이제는 이런 생각을 자주 합니다.

내가 할 수 있는 것과 그렇지 않은 것을 구분하는 겁니다. 눈앞에 놓인 것에 최선을 다할 수는 있지만, 이 일이 앞으로 어떤 결과를 가져올지는 알 수 없다는 것을 이제는 알고 있습니다. 어떻게 될지는 모르겠지만 일단 저지르고 보자는 마음과는 조금 다릅니다. 최선을 다하려면 평소에 미리 배우고, 준비해둬야 합니다. 아무것도 없는 상태에서 근거 없는 자신감만 믿는 것이 아니라, 비장의 무기를 갈고 닦다가 결정적인 순간에 꺼내는 겁니다. 그리고 꼭 이 말을 마음속으로 되새깁니다.

"그냥 하자. 되면 좋고, 안되면 또 하면 되지 뭐."

이건 무조건 된다는 생각이 들 때,
조심해야 한다.

직장인 시절 두 달 동안 어린이 교육기관에서 영 · 유아를 대상
으로 식습관 교육을 한 적 있습니다. 음식이 몸에 들어가서 어떤
역할을 하는지, 손 씻기나 양치하기 같은 개인위생이 왜 중요한지
를 알려주는 수업을 주로 했습니다. 직접 만든 캐릭터로 동화구연
을 하기도 하고, 역할 놀이를 할 때도 있습니다. 만약 이때 아이들
이 10분 동안이라도 숨죽여 집중한다면 그날은 수업이 잘 전달된
날입니다. 평소처럼 수업을 마치고 나오는 길에 교육 담당자가 불
러 세웁니다.

"선생님, 오늘 아이들이 너무 집중을 잘하더라고요. 그래서 말인
데 혹시 온라인으로도 수업 진행 하나요? 동영상 교육을 할 때 활
용하고 싶어서요."

아직 온라인 수업 예정은 없지만, 제작하게 되면 꼭 말씀드리겠다며 교육기관을 나섰습니다. 곧이어 이런 확신이 듭니다.

"이거 유튜브 동영상으로 만들면 대박 나겠다!"

그날부터 퇴근 후, 한 달 동안 캐릭터 기획부터 시작해 동화 창작 및 대본 작성, 동영상 촬영 편집에 매달렸습니다. 주말 자유시간 마저도 자진 반납하면서까지 말입니다. 그렇게 만든 채널이 바로 〈우리 집 영양사 푸디쌤〉입니다.

이 채널은 영양사, 위생사 면허는 물론 식습관 지도사, 조리기능사를 가진 전문가가 어린이를 대상으로 영양·위생 교육 콘텐츠를 만드는 곳입니다. 오프라인 강의를 할 때, 이 채널에 관해 설명하면 수강생 반응은 대체로 긍정적입니다. 특히 자녀가 있는 부모님들에게 더 그렇습니다. 어차피 아이들에게 유튜브 동영상을 보여줘야 한다면, 교육적인 내용이 훨씬 더 좋다는 말과 함께 말입니다. 심지어 채널 주소를 알려달라는 사람도 여러 명 있었습니다.

이 채널은 제가 가진 강점, 남들이 원하는 욕구를 적절하게 버무려 만든 콘텐츠로 가득 차 있었습니다. 그래서 반드시 성공할 것만 같았습니다. 제가 잘 아는 분야였지만, 과정은 즐겁지 않았습니다. 그 이유는 제가 좋아하는 일이 아니었기 때문입니다. 만약 좋아하는 일이었다면, 주말 시간도 쉬지 않고 인형극과 같은 다양한 콘텐츠를 만들었을 것입니다. 여러분이 과거의 저와 같은 선택을 한다면 잘 아는 것보다 좋아하는 것을 하라고 말하고 싶습니다. 그래야 꾸준할 수 있습니다.

이 채널이 실패한 이유는 또 있습니다. 구글 정책상 '키즈 콘텐츠'에 관해서 가장 많은 변화가 일어날 시기에 이 채널을 운영했다는 겁니다. 구글이 아동 온라인 개인정보 보호법(COPPA)을 강화했고, 그 결과 어린이와 연관된 '아동용 콘텐츠'를 운영 할 때 새로운 규제가 생겼습니다. 댓글과 알림 기능과 같은 일부 기능이 제한되거나 심지어는 사용중지 상태가 됐습니다. 혹시 모를 아동 학대 가능성을 예방하기 위해서였습니다. 이런 규제 사항은 구독자와 크리에이터 모두에게 적용됩니다. 다음 표를 봅시다.

구분	개별 동영상, 라이브 스트림을 아동용으로 설정 시 제한되는 기능	전체 채널을 아동용으로 설정 시 제한되는 기능
크리에이터	- 카드, 최종화면 - 동영상 워터마크 - 채널 멤버십 - 댓글 - 기부 버튼 - 개인 맞춤 광고 - 상품 및 티켓 판매	- 채널 멤버십 - 게시물

구독자	– 실시간 채팅 및 채팅 기부 – 종 모양 알림 아이콘 – 소형 플레이어에서 재생 – super chat 또는 super stiker – 재생목록 저장 및 나중에 볼 동영상에 저장 – 유튜브 홈화면에서 동영상 자동재생	– 종 모양 알림 아이콘

저는 아동용 콘텐츠에 대한 정보를 채널 개설 후에야 알았습니다. 이미 한바탕 변화의 물결이 지나가 버린 지 한참 된 시점에 말입니다. 미리 사실을 알고 대비했다면 이 채널 문을 닫지 않았겠죠.

꾸준하게 업로드하는 게 힘들다.

유튜브 채널이 빠르게 성장하도록 돕는 행동 중 하나는 동영상을 꾸준하게 업로드하는 것입니다. 일정한 주기에 맞춰 동영상을 올리는 거죠. 매일 1개씩 업로드하는 사람도 있고, 매주 1개만 하는 사람도 있습니다.

Q - 그렇다면 동영상을 자주, 많이 업로드하면 할수록 무조건 더 좋은가요?

A - 물론 콘텐츠가 많으면 많을수록 시청자에게 선보일 기회가 생길 확률이 높습니다. 그러나 여기서 말하는 콘텐츠는 '양질의 콘텐츠'입니다.

매일 1개씩 동영상을 업로드하기 위해, 대충 촬영한 콘텐츠를 마

누구나 한 달 만에 유튜브 구독자 1,000 명 만들 수 있다

구잡이로 올리면 어떨까요? 시청자가 구독 버튼을 누르기는커녕, 1초 만에 동영상 종료 버튼을 클릭할 겁니다. 좋은 콘텐츠는 메시지를 담고 있습니다. 동영상 안에서 어떤 말을 하고 싶은지 크리에이터 스스로가 정확하게 알면 알수록 시청자가 명확하게 이해합니다.

메시지가 잘 전달되면 될수록, 유튜브도 알아차립니다. 노출 클릭률과 시청 지속 시간을 알기 때문이죠. 이런 경로로 유튜브가 유익한 동영상이라는 판단을 내리면 더 많은 사람에게 내 콘텐츠는 노출되고, 양질의 콘텐츠를 만들수록 널리 퍼지는 선순환이 일어납니다. 그런데 문제는 콘텐츠를 만드는 과정에 꽤 많은 시간이 든다는 겁니다.

매주 1개 동영상을 업로드하는데 시간이 얼마나 필요할까요? 저는 5분 남짓한 동영상을 기준으로, 촬영하고 편집하는 시간만 5시간이 넘게 걸립니다. 콘텐츠를 기획하는 시간까지 따지면 일주일이 넘어갑니다. 처음 몇 번은 낮인지 밤인지 모른 채 집중합니다. 그런데 어느 정도 시간이 흐르면 그 과정이 점점 버거워집니다. 분명 초반에는 재미를 느낀 것도 같은데, 감정이 점점 희미해집니다. 그러다 보면 업로드 주기가 늘어나기 시작합니다. 2주에 1개, 3주에 1개씩 만들다가 주기 자체가 사라지기도 합니다. 그렇게 개설한 채널들은 모두 문을 닫았습니다. 유튜브 채널을 운영하면서 스스로 정한 주기를 지키는 것은 쉬운 일이 아닙니다. 그럴 때는 지원

군이 필요합니다.

'세이브 원고'

세이브 원고는 매주 새로운 작품을 연재하는 웹툰 작가들이나, 월간지에 정기적으로 글을 연재하는 작가들이 예고 없이 벌어질 상황을 대비해 여분의 원고를 준비해 두는 것을 말합니다. 유튜브 채널도 '세이브 동영상'이 있으면 좋습니다. 마감 시간에 맞춰 촉박하게 제작하다 보면 애초에 생각했던 것과 완전히 다른 결과물이 나오는 경우가 많습니다. 그래서 채널을 개설하기 전에 여분의 업로드 동영상을 마련해 두는 편입니다. 만든 동영상은 예약 기능을 활용해 정해진 주기에 맞춰 미리 업로드를 해둡니다. 그런데 만약 세이브 동영상을 다 업로드한 뒤에는 어떻게 하면 좋을까요?

Q - 그래도 기존 주기에 맞춰 동영상을 제작해야 하지 않을까요?

A - 그러면 가장 좋습니다. 다만, 유연한 대처가 필요합니다.

유튜브 채널을 개설할 때 정해둔 기준은 언제든 바뀌어도 괜찮습니다. 특히 주기를 지키기 위해서는 더욱 그렇습니다. 제작에 드는 시간이 너무 길다면 동영상 길이를 짧게 줄여서 제작에 드는 시간을 줄여도 좋고, 형식을 바꿔도 괜찮습니다. 두 달 안에 책을 쓰는 과정을 담은 '두 달 작가' 채널을 운영할 때, 글을 쓰는 시간보다 동영상을 편집하는 시간이 더 길어 제작에 어려움을 겪은 적 있습니다. 그때 찾은 방법은 여러 가지 상황을 담은 화면이 필요한 VLOG가 아니라, 한 화면만 갖고 소리에 더 집중할 수 있는 ASMR로 동영상을 만든 겁니다. 책을 보고, 글을 쓰고, 잠깐 휴식하는 상황을 담은 촬영물을 촬영하고 편집하는 대신, 오로지 글을 쓰는 한 번의 과정을 담고 키보드에서 나는 소리를 담는 형식으로 바꿔본 거죠.

02장

유튜브 채널 만들기, 그냥 히지!

2:15/6:55

내 유튜브 채널은 당나귀 귀다.

유튜브 채널을 개설할 때 했던 다짐이 있습니다. 주변 사람에게 절대 알리지 않겠다는 것입니다. 어색한 모습이 담긴 동영상을 보여주는 게 왠지 쑥스럽기도 했고, 친하지 않은 사람들 귀에까지 흘러 들어갈 것만 같았기 때문입니다. 적어도 10만 구독자가 되기 전까지는 입 밖으로 내지 않을 거라고, 그렇게 생각했습니다.

'구독자 없음.'

첫 동영상을 업로드하자마자 대박이 나서 너무 유명해지면 어떻게 하지? 라는 고민은 괜한 생각이었습니다. 흰 도화지에 검은 점이 찍히면 자꾸만 시선이 가는 것처럼, 내 유튜브 채널을 열 때마다 가장 신경 쓰이는 이 문장 때문입니다. 2주가 지나고 나서야 구독자 10명이 생겼지만, 무관심이 악플 보다 무섭다는 말을 실감하게 됩니다. 만약 조급한 마음이 들어 주변 사람들에게 홍보하고 싶은 마음이 든다면, 이때를 가장 조심해야 합니다.

유튜브가 성장한다는 것은 내 콘텐츠에 정말로 관심 있는 사람들이 모인다는 의미입니다. 가장 친한 친구에게 내 동영상 공유 링크를 보냈다고 가정해 봅시다. 친구는 일단 동영상을 클릭하고, 구독 버튼까지 눌러줄 겁니다. 그러나 끝까지 시청 할지는 미지수입니다. 안타깝게도 친구가 해당 분야에 전혀 관심이 없을 확률이 높기 때문입니다.

유튜브는 내 채널을 학습합니다. 어떤 연령대, 성별, 지역, 관심사를 가진 사람들이 내 콘텐츠를 시청하는지 분석합니다. 예를 들어 일정 시간이 지나 이 채널은 스피치를 주제로 하는구나. 라는 판단이 서면, 유튜브는 스피치 동영상을 주로 보는 시청자에게 내 동영상을 홍보해 줍니다. 이것이 유튜브가 가진 알고리즘 중 하나입니다.

유튜브 채널이 제대로 성장하려면, 내 콘텐츠에 관심 있는 진짜 팬이 생겨야 합니다. 그러기 위해서는 채널 홍보를 하는 데 신중해져야 합니다.

Q - 그러면 주제와 관련된 다른 플랫폼에 홍보하면 되나요?

A - 최고의 홍보담당자는 유튜브 알고리즘입니다. 콘텐츠에 집중하면
　　사람들이 모입니다.

　내 콘텐츠 주제에 관심 있는 사람들이 모인 인터넷 카페, 오픈 채
팅방을 찾아다니며 내 동영상 링크를 공유할 수도 있습니다. 다만,
모두에게 공개된 장소인 만큼 내 뜻과는 다르게 흘러가는 위험부
담도 있습니다. 따라서 지인에게 공유하고, 다른 플랫폼에 홍보하
는 것보다 콘텐츠 제작하는 것에 좀 더 집중하는 것을 추천합니다.
유튜브가 내 채널을 학습할 수 있도록 많은 자료를 만드는 겁니다.

　만약 그런데도 조급함이 사라지지 않는다면 10명 남짓 되는 사
람들 앞에 서서 자기소개를 한다고 상상해 봅시다. 어떤가요, 몸이
뻣뻣해지지 않나요? 학교, 회사에서 10명을 앞에 두고 내일 발표
를 한다면 크게 느껴지지만, 구독자 10명은 상대적으로 작게 느껴
집니다. 구독자가 아니라 내가 만드는 콘텐츠, 혹은 나를 보기 위
해 찾아오는 사람이라고 생각하면 어떤가요?
　유튜브 채널을 개설하자마자 10만 구독자를 모으는 사람도 분명
있습니다. 그러나 내가 그런 사람이 아니라고 해서 잘 못 된 것은
아닙니다. 물론 처음부터 좋은 결과를 얻을 수 있다면 좋겠지만,
그렇지 않아도 괜찮습니다. 지금은 잘할 때가 아니라, 그냥 시작할
때입니다.

어떤 콘텐츠를 해야 할까?
고민을 멈춰라.

아직도 유튜브는 하고 싶은데 어떤 콘텐츠를 할지 몰라 가만히 앉아 고민하고 있나요? 그렇다면 잠깐만 고민을 멈춰 봅시다. 콘텐츠에 대한 고민이 잘 못 되면 끝없는 생각 더미에 파묻히는 길로 가게 할지도 모르기 때문입니다.

내가 좋아하는 것과 잘하는 것은 무엇인지, 또 하고 싶은 것은 무엇인지. 꼬리에 꼬리를 물어 나에 관한 생각을 점점 깊게 하다 보니, 결국에는 이런 생각이 듭니다.

"나란 인간! 이날, 이때껏 제대로 해 놓은 게 하나 없네!"

분명 가벼운 유튜브 콘텐츠 고민으로 시작했는데, 묵직한 자기 반성으로 끝납니다.

콘텐츠는 나로부터 시작하기 때문에 지금껏 쌓인 과거 경험과

현재 내 모습, 또 바라는 미래를 생각하는 것이 필요합니다. 그러나 생각이 너무 깊어지다 보면 나도 모르게 지나친 자기검열을 하게 될 때가 있습니다.

'남들보다 특별히', '누구나 다'

만약 머릿속에 이 말이 떠올랐다면, 그때는 반드시 고민을 멈춰야 할 시간입니다.

"에이, 이 정도 그림은 **누구나 다** 그리는 거야.",
"운동 유튜버를 하려면 **남들보다 특별히** 잘난 부분이 있어야 할 텐데…"

콘텐츠 주제로 그림과 운동을 떠올렸다가도 이내 고개를 젓게 합니다. 여기서 이 말들만 사라지면 문제는 오히려 쉽게 해결됩니다. 콘텐츠 주제를 정하기 위해서는 일단 머릿속에 떠다니는 것을 최대한 많이 모으고 정리하는 것부터 시작합니다. 선택하는 건 나중 일입니다. 일단 언제 어디서나 드는 생각을 모두 종이에 옮겨적어봅시다. 생각은 기록으로 옮겨놓지 않으면 사라지기 때문입니다. 지금까지 있었던 일들을 하나씩 짚어봅시다. 나는 어떤 것을 좋아하는 사람이고, 뭘 잘하는 사람인지, 또 어떤 것을 싫어하고,

뭘 잘하고 싶어 하는 사람인지까지, 사소한 것들 모두를 말입니다. 이때, 일정한 기준을 세우고 떠오르는 생각을 지나치게 검열하는 행동을 조심해야 합니다. 기준이 높으면 모든 것을 매의 눈으로 살펴보게 됩니다. 블라인드 면접이 오히려 숨은 인재를 발견하는 것처럼, 우리도 잠시 눈에 힘을 빼고 콘텐츠 후보를 바라봅시다. 그래야 생각하지 못한 보석을 발견할 수 있습니다.

자, 이제 종이를 봅시다. 아직 '남들보다 특별히'라는 말이 떠오르나요? 그렇다면 나에게 더욱 관대해집시다. 콘텐츠 주제는 꼭 내가 1등인 분야를 할 필요가 없습니다. 정말 소질이 없지만, 그래도 잘하고 싶은 분야나 최근 들어 관심이 생긴 분야도 괜찮습니다. 이렇게 생각해야 최대한 많은 콘텐츠 후보를 모을 수 있습니다.

Q - 그럼 콘텐츠 후보를 모으고 나서는 어떻게 하나요?

A - 후보를 모았으니 선택을 할 차례입니다. 선택은 내 기준이 아니라, 세상의 기준을 따라 결정해 봅시다. 내 기준은 직감을 따르는 것이고, 세상의 기준은 근거를 따르는 것입니다.

- **왠지 모르겠지만 이 주제는 대박 날 것 같아! – 직감대로 움직이는 것 (나쁜 예)**

- 이 주제를 다룬 채널이 30개나 있고, 조회 수 50만 회를 넘어가는 동영상이 많으니까 할만한 것 같아!" – 근거를 따르는 것 (좋은 예)

콘텐츠 후보가 정해졌다면 유튜브 검색창으로 마우스 커서를 옮겨 봅시다. 이 주제를 다루는 유튜버가 얼마나 있고, 조회 수는 얼마나 되는지 알아봅시다.

저는 〈생존스피치〉라는 채널을 만들 때 '스피치'라는 주제를 가장 먼저 검색했습니다. 그랬더니 스피치와 관련 있는 동영상과 채널이 수도 없이 나타났습니다. 조회 수가 적게는 12만 회부터 많게는 88만 회나 되었고, 채널은 스크롤을 내리면 내릴수록 끝도 없이 나타났습니다.

만약 이때 조회 수가 1만 회인 동영상이 다수이고, 채널 역시 소수였다면 저는 이 주제를 선택하지 않았을 겁니다.

Q – 아무리 떠올려도 아무것도 생각나지 않아요. 어쩌죠?

A – 고민을 멈추고 일단 해봅시다. 그러면 남들이 발견해 줍니다.

타고난 기획력이 있거나, 뛰어난 매력이 있는 사람들은 많은 콘텐츠 후보를 갖고 있을 확률이 높습니다. 만약 나는 그렇지 못한 것 같다는 생각이 들면 이제 믿을 건 남들밖에 없습니다. 나를 속

속들이 잘 아는 가족이나 친구보다, 오늘 처음 만난 사람이 나를 더 잘 이해할 때도 있습니다. 마찬가지로 유튜브 채널에 나를 보여 줬을 때, 오히려 시청자가 내가 잘하고 좋아하는 것을 발견해 줄 수도 있습니다.

동영상을 업로드하다 보면, 반응이 올 때가 있습니다. 조회 수가 갑자기 가파르게 오른다거나, 구독 알람이 쉴 새 없이 울리는 식입니다. 유튜브가 좋은 동영상이라는 긍정적인 신호를 주는 겁니다. 그때가 바로 나도 몰랐던 내 모습을 시청자가 알려주는 시간입니다. 그러면 그 주제로 다른 영상을 또 만들어 봅시다.

유튜브 채널,
구글 계정만 있으면 될까?

유튜브 채널은 개인 구글 계정만 있으면 쉽게 만들 수 있습니다. 내 이름과 전화번호, 몇 가지 구글 정책에 동의하기만 하면 금방입니다.

Q - 그러면 만들어진 채널에 바로 동영상 업로드를 하면 되나요?

A - 그렇게 해도 되지만, 좀 더 좋은 방법이 있습니다. 브랜드 계정을
  만드는 겁니다.

브랜드 계정을 만드는 것은, 쉽게 말해 내 개인 구글 계정과 똑같은 모습의 분신을 추가로 만드는 겁니다. 생김새는 같지만, 결국에는 분신이기 때문에 각자가 독립적으로 존재합니다. 개인 구글 계정이 커다란 나무줄기라면 브랜드 계정은 새로 돋은 나뭇가지인

셈입니다.

브랜드 계정을 만들면 다음과 같은 장점이 있습니다.

- 개인 구글 계정과 연관되어 있지 않은 독립적인 계정이므로 내 이름, 이메일 주소 비공개 가능.
- 유튜브 채널이 2개 이상인 경우, 각자 분리되어 있으므로 관리하기가 용이.
- 유튜브 채널 관리자가 2명 이상인 경우, 채널 관리를 할 때 사용자 이름이나 비밀번호가 필요 없으므로 개인 구글 계정의 정보 보호. (이메일, 사진 등)

만약 구글 계정으로 만든 유튜브 채널을 홀로 운영하다가, 조회수와 구독자 수가 늘어 규모가 커지는 시점이 왔다고 가정해 봅시다. 그러면 혼자서 영상을 기획하고 촬영, 편집하기가 점점 버거워집니다. 좀 더 여러 사람이 나오는 새로운 콘텐츠를 만들고 싶고, 더욱 넓은 장소에서 다양한 화면을 담고 싶은 마음이 생깁니다. 또 주 1회 업로드보다는 주 2회 업로드를 하고 싶은데 정작 몸은 하나입니다. 그때 우리는 편집자, 작가에게 도움을 요청할 겁니다. 새로운 크루원이 생기는 겁니다.

새로운 크루원은 실시간 라이브 스트리밍 촬영을 하기도 하고,

동영상을 편집하고 업로드 할 겁니다. 또 구독자의 댓글을 살펴보고 피드백을 하기도 합니다. 그러기 위해서는 내 구글 계정에 접속해야 합니다. 그 말은 내 주변인의 연락처 또는 개인적인 사진과 자료를 나도 모르게 크루원에게 공유하게 된다는 겁니다. 사적인 영역을 공유한다는 것은 가족끼리도 쉽지 않은 일입니다.

하지만 처음부터 브랜드 계정을 운영한다면 위와 같은 고민을 아예 하지 않아도 됩니다. 같은 모습이지만, 완전히 다른 모습으로 존재하기 때문입니다. 브랜드 계정을 만드는 방법은 다음과 같습니다.

🔔 개인 구글 계정 접속 → 우측 상단 프로필 클릭 → 설정 → 채널 추가 또는 관리 → 채널 만들기 → 채널 이름 만들기

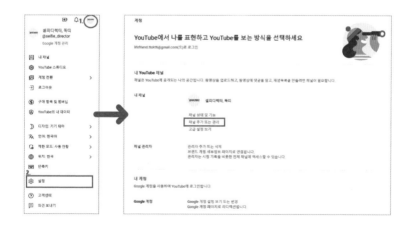

Q - 이미 계정으로 유튜브 채널을 운영 중인데 어떻게 하나요?

A - 괜찮습니다. 기존 구글 계정을 브랜드 계정으로 바꿀 수 있습니다. 방법은 다음과 같습니다.

🔔 구글 계정 접속 → 설정 → 고급 설정 보기 → 브랜드 계정으로 채널 이전

단, 기존 구글 계정을 브랜드 계정으로 바꿀 때 주의할 점이 있습

누구나 한 달 만에 유튜브 구독자 1,000 명 만들 수 있다

니다. 만약 여러분이 이미 플레이팅까지 마친 음식을 다른 그릇에 다시 옮겨 담으려 하면 어떤가요? 원래 모습을 흐트러트리지 않고 그대로 옮기는 것은 여간 힘든 일이 아닙니다. 마찬가지로 기존 구글 계정에 있던 정보 대부분이 브랜드 계정으로 옮겨지지만, 시스템 환경에 따라 일정 정보가 누락 되거나 업데이트가 지연될 수도 있습니다. 그럴 때는 유튜브 고객센터로 문의해봐야 합니다.

채널 이름만 잘 만들어도
구독자 천 명이 쉬워진다.

구글 계정과 브랜드 계정의 차이를 알았으니, 먼저 개인 구글 계정으로 유튜브 채널을 개설해봅시다. 우선 유튜브 홈 화면에 들어가 새로운 계정을 만듭시다. 그러면 곧바로 유튜브 홈 화면이 보입니다. 홈 화면 오른쪽 위 프로필을 클릭하면 다음 사진과 같이 채널 만들기 버튼이 있습니다. 이 버튼을 클릭하면 오른쪽 화면으로 바뀝니다. 자, 이제 채널 이름만 쓰면 유튜브 채널이 생기는 겁니다.

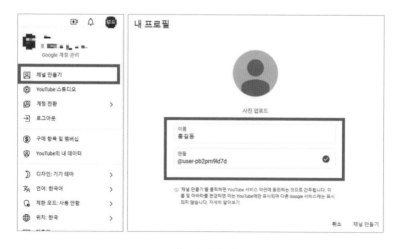

누구나 한 달 만에 유튜브 구독자 1,000 명 만들 수 있다

Q - 그런데 앞의 사진 속 채널 이름은 마음대로 만들어도 되나요? 추후 수정도 가능한가요?

A - 손이 가는 대로 짓거나, 내 이름을 적어도 상관없습니다. 또 유튜브 채널 이름은 바꿀 수 있습니다. (유튜브 스튜디오 → 채널 맞춤설정 → 기본정보 → 이름) 단 다음과 같은 조건이 있습니다.

'14일 동안 2회 변경 가능'

즉, 2주 동안 2번은 바꿀 수 있다는 거죠. 그런데 기왕이면 조금 멋들어지게 짓는 게 낫지 않을까요? 채널 이름은 신중하게 생각해야 합니다. 계속 말하겠지만, 채널 이름만 잘 만들어도 구독자 천 명 만들기가 훨씬 수월하기 때문입니다.

채널 맞춤설정 속 기본정보 탭을 보니 다음과 같은 안내 문구도 보입니다.

"나와 내 콘텐츠를 잘 나타내는 채널 이름을 선택하세요."

이 말이 아주 중요합니다. 채널 이름은 시청자가 흘깃 지나가면서 봐도 '나'와 '내 콘텐츠'가 무엇인지 떠올릴 수 있도록 해야 합니다.

〈인생친구, 똑띠〉라는 채널에는 어떤 콘텐츠가 있을 것 같나요? 정확하게는 알 수 없지만, 왠지 인생에 관한 이야기를 할 것 같기도 하고, 또 친구지만 언니같이 느껴지는 똑 부러지는 사람이 나올 것도 같습니다.

〈생존스피치〉라는 채널은 또 어떤가요. 아마 스피치라고 쓴 걸 보니 말하는 방법에 관한 이야기를 할 것 같습니다. 약간은 전투적인 모습은 아닐까 떠올려도 봅니다.

이렇게 크리에이터가 의도한 대로 시청자도 추측했다면, 그 채널 이름은 잘 지어진 이름입니다.

여기서 팁 하나! 좋은 채널 이름이 떠올랐다면 먼저 유튜브에 검색부터 해봐야 합니다. 고민 끝에 탄생한 이름이 누군가 먼저 사용하고 있는 이름이라면, 선도자의 법칙에 어긋나므로 도움이 되지 않습니다. 그런데 아무도 사용하지 않는 이름이라면, 이제 이름을 써 넣어 봅시다.

Q - 채널 이름을 보고, 제 의도와는 다르게 생각하는 사람도 있을 것 같아요.

A - 모두가 같은 생각을 떠올리면 가장 좋겠죠. 그러나 유명 카피라이터 정도는 돼야 쉽게 할 수 있는 일 아닐까요. 채널 이름 만들기는

무척 중요하지만, 지금은 시작 단계입니다. 여기서 너무 많은 에너지를 쏟기보다는 일단 가벼운 마음으로 실행부터 하는 것이 더 중요합니다. 유튜브 채널을 운영하다가 더 좋은 이름이 떠오르면 채널 이름을 다시 바꿔도 되기 때문이죠.

Q - 혹시 채널 이름을 바꿔서 받는 불이익은 없나요?

A - 유튜브 알고리즘에 관련한 이야기라면 여러 가지 의견이 있습니다. 채널 이름을 자주 변경하면 내가 만든 동영상이 시청자에게 선보여지는 횟수, 노출 수가 줄어든다고 말하는 사람도 있고 전혀 영향이 없다고 말하는 사람도 있습니다.

저는 나름의 기준이 있습니다. 지금 내가 좋아하는 채널을 떠올려 봅시다. 만약 그 채널의 이름이 전혀 다른 이름으로 바뀌어 있다면 어떨 것 같나요? "내가 이 채널을 구독했던가?"라는 의문이 먼저 들 겁니다. 자주 동영상을 챙겨볼 만큼 좋아하는 채널인데도, 나도 모르게 구독 취소 버튼을 누를 수도 있습니다. 그러므로 채널 이름 변경을 자주 하는 것은 좋지 않습니다.

채널 페이지만 잘 꾸며도
구독자 수가 늘어난다.

　재미있게 본 동영상의 다음 편이 궁금해지면, 어떻게 하나요? 물론 바로 구독 버튼을 누를 수도 있지만, 대부분 동영상 제목 옆에 있는 채널명을 클릭해 크리에이터의 채널 페이지를 찾아갑니다. 결론부터 말하자면 채널 페이지만 잘 꾸며도 구독자 천 명은 쉽게 갈 수 있습니다.

　Q - 그럼 어떻게 꾸미는 게 좋나요?

　A - 너무 당연한 말이지만, 내 콘텐츠가 잘 드러나도록 채널 페이지를
　　　꾸미는 것이 중요합니다.

채널페이지를 꾸미기 위해서는 먼저 채널 맞춤설정 Tab을 클릭해야 합니다. 방법은 두 가지입니다. 채널 페이지 화면 오른쪽 중간(사진 1)에 있는 채널 맞춤설정 버튼을 클릭하거나, 유튜브 스튜디오로 들어가 왼쪽 카테고리 Tab에서 맞춤설정 버튼(사진 2)을 클릭하면 됩니다.

이제 꾸밀 차례입니다. 다음 사진을 참고해 봅시다. 맞춤설정 탭에는 하위 탭 3가지(레이아웃, 브랜딩, 기본정보)가 있습니다.

사진 3 채널 맞춤설정 기본 화면   사진 4 추천 섹션 항목

레이아웃은 채널 페이지 내부를 디자인하는 곳입니다. 슈퍼마켓을 떠올려 봅시다. 야채는 야채 코너에, 고기는 축산 코너에 있습니다. 구분해 놓으면 고객은 물건을 더 쉽게 찾을 수 있습니다. 채널 페이지도 마찬가지입니다. 내가 만든 여러 종류의 동영상이 섞여 있으면 시청자가 관심 있는 동영상을 찾기 쉽지 않습니다. 원하는 동영상을 쉽게 찾을 수 있도록 구획을 나누어 분류하는 것을 레이아웃 설정이라고 합니다. 레이아웃은 동영상을 업로드 하고 난 다음에 추천 섹션(사진 4)을 설정하면 됩니다.

1. 주목받는 동영상 : 채널 홈페이지 상단에 동영상을 추가할 수 있습니다.

1) 비구독자 대상 채널 트레일러

– 처음 내 채널 페이지를 방문한 시청자에게 내 채널을 홍보하는 동영상 설정 가능.

2) 재방문 구독자 대상 추천 동영상

– 구독자에게 추천할 동영상 설정 가능. (이미 시청한 경우는 페이지 상단에 표시되지 않음.)

2. 추천 섹션 : 최대 12개로 동영상 재생목록을 구분해 게시 가능.

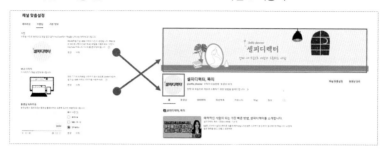

브랜딩은 채널 페이지의 외부를 디자인하는 곳입니다. 지금 내가 좋아하는 유튜버의 채널 페이지를 클릭해봅시다. 6번 사진에서 가장 먼저 눈에 띄는 게 뭔가요? 최상단에 있는 배너 이미지일 수도 있고, 중간 지점에 있는 프로필 사진이 보일 수도 있습니다.

배너 이미지는 가게로 치면 간판입니다. 파는 물건에 따라 간판 색깔, 모양이 가게마다 다른 것처럼 배너 이미지도 자신의 콘텐츠 성격에 따라 자유롭게 디자인할 수 있습니다.

프로필 사진은 가게주인의 증명사진입니다. 맛집에 가면 꼭 원조 사장님의 사진이 있는 것처럼, 시청자에게 콘텐츠를 만든 사람이 어떤 사람인지 먼저 보여주는 겁니다.

동영상 워터마크는 가게주인이 자신이 파는 물건에 남기는 출처입니다. 이 동영상을 만든 사람이 누구인지 도장을 찍어 두는 겁니다. 또, 만약 더 많은 동영상이 보고 싶다면 이곳으로 찾아오라는 뜻도 담겨있습니다. 동영상 오른쪽 하단을 보면 네모난 이미지가 있는 것을 본 적이 있을 겁니다. 그게 바로 동영상 워터마크입니다. 클릭해보면 해당 채널의 구독 버튼이 뜹니다.

참고로 동영상 워터마크는 채널 페이지(사진 6)에서 바로 보이지 않습니다.

사진 7 기본정보	사진 8 기본정보

기본정보 역시 채널 페이지 내부를 디자인하는 곳입니다. 맛집을 찾아가면 가게 곳곳에 연혁이 적혀 있기도 하고, 파는 음식에 대한 효능이 적혀 있습니다. 기본정보 역시 이 채널이 어떤 채널인지 성격을 드러내는 모든 요소를 설정할 수 있는 곳입니다. 채널 이름, 핸들, 채널 설명, 배너 위 링크, 연락처 정보를 기록하면 됩니다.

채널 이름	유튜브 채널 이름입니다. 단, 14일 동안 2회만 변경할 수 있습니다.
핸들	유튜브 채널 별명입니다. 시청자가 채널을 잘 기억하고 크리에이터끼리 쉽게 소통할 수 있도록 합니다. 핸들은 영문자, 숫자, 마침표(.), 대시(−), 밑줄(_)만 사용할 수 있습니다. 단, 14일 동안 2회만 변경할 수 있습니다.
채널 설명	시청자에게 내 채널에 대해 글로 설명할 수 있습니다.
배너 위 링크	배너 이미지에 시청자와 공유할 다른 사이트의 링크를 추가할 수 있습니다. 블로그, 인스타그램 주소 등을 예로 들 수 있습니다.
연락처 정보	비즈니스 문의를 하고자 하는 시청자를 위해 이메일 주소를 제공할 수 있습니다.

동영상을 담을
그릇을 디자인하라

브랜딩 tab의 2가지 요소(레이아웃, 브랜딩)는 이미지 파일입니다. 전문 프로그램을 활용해서 장인정신을 들여 한 땀 한 땀 선을 그으며 만들 수도 있지만, 더 쉬운 방식으로 만드는 방법이 있습니다. 최소한의 시간을 들여 최대한의 결과물을 만드는 것, 바로 디자인 플랫폼을 활용하는 겁니다.

세상에 없던 획기적인 디자인을 만드는 것은 일류 디자이너의 몫입니다. 우리는 디자인 플랫폼에서 이미 제공하는, 세상에 있던 디자인에 내 색깔을 살짝 입혀 볼 겁니다. 그러면 색다르고 유일한 디자인이 생깁니다.

'미리캔버스, 망고보드, Canva(캔바)'

크리에이터가 자주 사용하는 디자인 플랫폼 사이트입니다. 전문가가 아니어도 쉽게 그래픽 디자인을 할 수 있도록 도와줍니다. 직접 사용해보고, 내가 사용하기 편한 곳을 선택하면 됩니다. 사이트를 선택했다면 이제는 쉽고 빠르게, 있어 보이는 결과물을 만들어 봅시다.

👍 기존 템플릿 불러오기

그림을 그릴 때 밑그림부터 일일이 쌓아 올리면 한세월이 걸리기 마련입니다. 디자인 플랫폼에서 미리 만들어 둔 템플릿 중 내 콘텐츠와 잘 어울리는 디자인을 하나를 골라봅시다. 여기서 중요한 것은 보기에 예쁜 것을 고르는 것이 아닙니다. 반드시 '내 콘텐츠와 얼마나 연관성이 있는가?'를 따져봐야 합니다. 배너 색깔, 폰트, 그림의 종류 같은 것들입니다. 디자인을 할 때, 1순위로 고려야 하는 것은 이 이미지가 내 콘텐츠를 얼마나 잘 표현하는 가인지를 살펴보는 겁니다.

반려동물 유튜버라면 부드러운 곡선이 많은 폰트를 사용할 겁니다. 또 따뜻한 색깔, 파스텔 계열이 많을 겁니다. 만약 재테크 유튜버라면 정갈한 직선이 많은 폰트를 사용할 겁니다. 또, 신뢰를 주는 색깔, 높은 채도 색상 계열을 주로 사용할 겁니다.

물론 기존 템플릿을 그대로 사용할 것은 아닙니다. 폰트와 색깔, 이미지까지 내 콘텐츠에 맞게 모습을 바꿀 겁니다. 애초에 비슷한 결의 디자인에서부터 시작하면 더 쉽고 빠르게 디자인을 완성할 수 있습니다.

👍 기존 템플릿 수정하기

본격적으로 나만의 유일한 디자인을 만들어 볼 시간입니다. 기존 템플릿 테두리를 크게 바꾸지 않는 선에서 자유롭게 변화를 줘봅시다. 초록색을 민트색으로 바꿔 봐도 좋고, 노란색으로 바꿔 봐도 좋습니다. 폰트 테두리 두께를 얇게 해보는 것도 괜찮습니다. 또 이미지를 추가할 수도 있습니다. 기존에 있었던 남자 이미지를 여자 이미지로 바꿔 보기도 하고, 아예 동물 이미지를 불러 보기도 해봅시다.

작은 변화가 모이다 보면 전혀 생각하지 않았던 디자인이 탄생합니다. 애초에 완성도 높은 템플릿을 가지고 수정했기 때문에 결과물 짜임새도 촘촘합니다.

👍 바꾼 템플릿 저장하고 다운로드 하기

디자인 플랫폼 사이트를 활용할 때 가장 조심해야 할 것이 바로 '저장하기'입니다. 인터넷 서핑을 하다가 나도 모르게 인터넷 창을 꺼버린 경험이 있나요? 디자인 플랫폼 사이트에서 같은 경험을 하게 되면 그동안 작업한 결과물이 모두 사라져 버립니다. 그러니 작업 중간마다 저장하기 버튼을 꼭 눌러줍시다. 작업물이 완성됐다면 이미지를 내 컴퓨터로 옮겨 봅시다. 다운로드 버튼을 누르는 겁니다.

다운로드를 할 때 저장 옵션을 여러 가지 묻습니다. 그중 챙겨 봐야 할 것은 저장할 파일의 형식입니다. JPG, PNG, PDF, PPT등 원하는 형식대로 저장할 수 있습니다. 우리는 이미지가 필요하므로 JPG 혹은 PNG 형식을 사용합니다. 두 형식 모두 이미지를 압축해 파일 크기를 줄여서 저장하지만, 차이점은 압축하는 과정이 다르다는 겁니다. 결과적으로 PNG 형식은 JPG보다 저장 공간을 더 많이 차지하는데, 유튜브 배너 이미지 업로드 허용 용량은 2MB입니다. 제작한 이미지 용량이 2MB가 넘는다면 JPG형식으로 저장해 봅시다.

03장

0명 ~ 100명 공략집

: 어치피 비꿜 거야!

2:15 / 6:55

동영상을 만들기 전,
이것만 주의하자

이제 나만의 유튜브 채널이 만들어졌습니다. 그런데 다음 날이 되니 왠지 프로필 사진이 너무 평범한 것 같고, 배너 이미지 색깔이 마음에 들지 않습니다. 조금만 손을 보면 훨씬 나을 것 같아 2시간을 들여 디자인을 바꿨습니다. 이제 정말 완성된 것 같았는데, 또 하루가 지나니 바꾸고 싶은 부분이 보이기 시작합니다.

우리는 유튜브 채널을 운영하면서 많은 시행착오를 겪게 됩니다. 채널 디자인부터 시작해서 동영상 기획·촬영·편집, 썸네일, 제목, 업로드하기 까지 모든 과정을 겪는 내내 말입니다. 어제는 괜찮아 보였던 결과물이 오늘은 부족해 보인다면, 그사이 내가 가진 지식이 늘었다는 증거입니다. 지금 만든 것들을 끊임없이 수정하다 보면 분명 더 멋진 결과물이 나오겠지만, 반대로 앞으로 나아가는 속도가 더뎌집니다.

그러므로 이젠 앞으로 만들 양질의 동영상에 힘을 쏟아야 합니다. 장인정신을 갖고 한 땀 한 땀 수정을 거듭하는 것보다, 조금 부족하지만 일단 만들고 보자는 마음으로 빠르게 나아가 봅시다. 완벽한 아스팔트 도로가 아니라 울퉁불퉁한 비포장도로 일지라도 알고 보면 훨씬 더 빠른 지름길일 수 있습니다. 이제는 동영상을 만들어 볼 시간입니다. 동영상 제작을 할 때도 마찬가지입니다. 만약 유튜브 채널을 위해 고가의 카메라, 조명을 검색하고 있다면 장인정신을 잠시 내려놓고, 지름길을 찾아가 봅시다. 만약 당신이 처음 유튜브 채널을 운영한다면, 지금은 스마트폰 카메라 하나면 충분합니다.

동영상을 만들려면 우선 촬영 감독부터 되어야 합니다. 여러분은 카메라에 가장 먼저 어떤 상황을 담을 건가요? 주제가 정해졌으니 스마트폰 카메라를 들고 일단 보이는 대로, 생각나는 대로 많이 찍어 두는 게 우선일까요?

그렇다면 이번에는 촬영을 마친 뒤, 동영상을 수정하는 편집 기사 입장에 서봅시다. 동영상 조각을 이어 붙이기 전에 우선 편집 방향부터 정합니다. 어떤 형식으로 어떤 내용을 붙이고, 제외할지 미리 정해두지 않으면 애써 편집한 내용을 도중에 뒤집는 일이 일어날 수도 있기 때문입니다. 그러기 위해서는 촬영 감독에게 전달받은 동영상을 일일이 열어봅니다. 만약 롱테이크로 찍은 2시간짜리 동영상만 있다면 2시간 내내 모니터를 보면서 내용을 확인하는 것이 필요합니다. 처음부터 이 과정을 한 번에 끝냈다면, 운이 좋거나 타고난 재능이 있는 겁니다. 첫 영상을 편집할 때 저는 2시간 짜리 동영상을 몇 번이나 돌려 보며 필요 없는 부분을 잘라내는 데만 4시간이 걸렸습니다.

우리는 촬영 감독이자 편집 기사입니다. 두 역할을 빠르고 쉽게 해내기 위해서는 이 모든 과정을 시작하기 전에 먼저 연출가부터 돼야 합니다. 어떤 식으로 촬영하고 편집할지 뼈대를 그려두면 시간을 아낄 수 있습니다. 처음부터 끝까지 모든 것에 완벽하게 준비해야 한다는 말이 아닙니다. 그림으로 치면 스케치를 여러 장 그려보는 정도의 노력이면 충분합니다. 이제 다음 사진을 봅시다.

셀피디렉터.똑띠 채널 동영상 썸네일

이 동영상은 회사 생활이 힘들었던 경험에 관해 이야기합니다. "일요일 저녁이 되면 출근하기가 무서워 심장이 아팠다. 어떻게 하면 좋을까 고민하다가 이런 방법을 찾았다."라는 식입니다. 만약 이 동영상을 촬영할 때, '월요병을 이기는 방법'에 대해 생각하지 않고 말을 했다면, 동영상 조회 수 10만 회를 달성하기는 힘들었을 겁니다. 이 동영상을 촬영하기 전에 다음 문답을 작성했습니다.

구분	질문	답변
1	어떤 주제를 다룰 것인가?	회사생활
2	어떤 소재를 다룰 것인가?	월요병
3	어떤 것을 제공할 것인가?(정보/감정)	감정(책임감 나누기)
4	어떤 형식으로 표현할 것인가?	강의식
5	어떤 형식으로 촬영할 것인가?	긴 동영상, 롱테이크
6	편집 후 동영상 길이는 어느 정도인가?	7분
7	대본은 몇 페이지가 필요한가?	1페이지 반

여기서 잠깐! 질문에 답변을 하기 전에 주제와 소재의 차이점에 대해 알아봅시다. 주제는 카테고리입니다. 그래서 범위가 넓습니다. 예를 들어 주제가 인간관계라면 소재는 연애가 될 수 있습니다. 소재는 주제보다 범위는 작지만, 더 구체적인 내용을 말합니다.

한 번도 촬영과 편집을 해보지 않은 상태에서는 4, 5, 6, 7번에 관한 답변을 하기는 쉽지 않습니다. 우선 1번부터 3번까지에 대한 답변부터 시작해 봅시다.

이제 내 여행 기록을 담은 VLOG 동영상을 만든다고 가정해 봅시다. 그렇다면 다음과 같이 답할 수 있을 겁니다.

누구나 한 달 만에 유튜브 구독자 1,000 명 만들 수 있다

구분	질문	답변
1	어떤 주제를 다룰 것인가?	여행
2	어떤 소재를 다룰 것인가?	제주도
3	어떤 것을 제공할 것인가?(정보/감정)	정보(맛집 : 공항 부근, 현지인 추천)
4	어떤 형식으로 표현할 것인가?	
5	어떤 형식으로 촬영할 것인가?	
6	편집 후 동영상 길이는 어느 정도인가?	
7	대본은 몇 페이지가 필요한가?	

이렇게 답변을 작성한 채로 여행을 가면 촬영 방향이 보입니다. 공항을 가는 길을 촬영하는 것보다 숨겨진 맛집을 소개하는 과정을 찍고, 현지에서도 관광지를 보여주는 게 아니라, 현지인만 아는 맛집에 대한 정보를 더 많이 담을 수 있습니다.

이제 빈칸을 채울 차례입니다. 2가지 방법이 있습니다. 첫 번째는 같은 주제를 다룬 다른 동영상을 시청하면서 참고하면서 차별점을 생각하는 것이고, 두 번째는 일단 손이 가는 대로 동영상을 만들어보는 겁니다. 저는 두 번째 방법을 추천합니다. 먼저 촬영한 뒤, 다른 동영상을 참고하면 훨씬 도움이 되기 때문입니다.

촬영 감독과 배우가 될 때다.

지금 내가 좋아하는 유튜브 채널에 들어가 동영상을 클릭해 봅시다. 동영상 생김새가 어떤가요? 16:9 가로 비율입니다. 짧은 동영상, 숏폼은 반대입니다. 9:16 세로 비율입니다. 어떤 동영상 형식이 내게 더 맞는지는 직접 만들어보는 것보다 좋은 방법은 없을 겁니다.

Q - 그러면 촬영할 때, 유의해야 할 점은 무엇인가요?

A - 촬영 감독은 카메라 고정이 중요하고, 배우는 여유를 가져야 합니다.

우선 촬영 감독 입장부터 되어 봅시다. 만약 어떤 비율로 만들지 결정했다면, 우선 촬영 카메라부터 고정해야 합니다. 동영상 녹화 버튼을 오른쪽에 둘 것인지 왼쪽에 둘 것부터 정해 봅시다. 내가 편한 대로 선택하면 되지만, 한 번 방향을 정하면 해당 동영상을 촬영하는 내내 그대로 고정하는 게 좋습니다. 예능 프로그램 속 촬영 감독을 떠올려 봅시다. 머리 크기만 한 카메라를 한쪽 어깨에 올리고, 거의 움직임이 없는 상태, 마치 고정된 것처럼 촬영합니다.

결과물을 보면 그 이유를 쉽게 알 수 있습니다. 위, 아래, 좌, 우로 화면이 계속해서 움직이면 어떤가요? 보는 내내 멀미가 납니다. 필요에 따라 이동하는 것을 지양하라는 뜻이 아닙니다. 찍고 싶은 상황을 발견했다면, 그 순간에만 잠깐 멈춰 봅시다. 처음 방향을 설정하고 난 뒤, 우리가 할 일은 카메라를 고정한 채로 바라보는 것만 남았습니다. 만약 인물이 카메라 프레임 밖을 벗어나면 어떻게 하냐고요? 인물 쪽으로 방향을 살짝 옮겨 봅시다. 그리고 우리는 다시 또 멈추는 겁니다. 여기서 잠깐! 손이 자꾸 흔들려서 고민이라면, 셀카봉을 활용해 봅시다. 거창한 카메라 삼각대가 아니어도 괜찮습니다. 스마트폰을 고정하기에는 셀카봉도 충분합니다.

이번에는 배우가 될 차례입니다. 배우는 여유롭게 말하고 행동하는 것이 중요합니다. 인물이 말과 행동을 시작하기 전에 늘 자세를 고쳐잡고, 숨을 고를 시간이 충분히 있어야 합니다. 상황을 녹화할 때도 마찬가지입니다. 담고 싶은 상황을 미리 정돈한 채로 시작해야 합니다. 녹화 버튼을 누른 뒤 바로 말하는 게 아니라, 2~3초 뒤 말하는 것입니다.

편집 기사의 눈을 빌려 봅시다. 인물이 말을 잘하는 법이라는 주제로 이야기하다, 갑자기 뜬금없이 재테크 방법에 대한 말을 합니다. 그럴 때는 해당 부분을 잘라내야 합니다. 그때, 인물이 쉼 없이 빠르게 말하고 행동하고 있다면, 잘라낸 부분이 어색하게 이어질 겁니다. 카메라 앞에 서면 나도 모르게 말과 행동이 숨 가쁘게 달려갈 때가 있습니다. 그럴 때는 이것만 기억해 봅시다.

잠깐 멈춤, 그리고 컷

다행히 유튜브 동영상은 생방송이 아닙니다. 편집으로 추가 처리할 수 있다는 것을 늘 마음속에 두고 촬영하면 요령이 생깁니다. 생각과 말, 행동에 정리가 필요하다면 잠깐 멈춘 채로 다시 정돈해 봅시다. 그리고 난 뒤에는 꼭 박수를 한 번 크게 치는 행동(컷)이 필요합니다. TV프로그램 중간에 배우가 나와 슬레이트를 치는 모습을 본 적 있나요? 이 부분은 잘라내거나, 새로 시작하는 부분이라는 것을 편집 기사에게 알려주기 위함입니다. 편집점을 잡는 것이죠. 편집점을 잘 활용하면 수십, 수백 번 멈춰도 괜찮습니다.

파일 정리로 편집 시간을 줄여보자.

유튜브 동영상을 만들 충분한 재료(영상과 사진)를 쌓았다면, 이제는 자르고 붙이는 과정인 편집에 집중해야 할 때입니다. 편집은 모바일, 데스크탑을 통해 응용 프로그램을 다운받으면 됩니다.

Q - 어떤 프로그램이 괜찮나요?

A - 다음 표는 사용도가 높은 편집 응용 프로그램 목록입니다. 어떤 응용 프로그램을 사용해도 괜찮습니다. 다양하게 접해보고 가장 접근하기 쉬운 응용 프로그램을 선택합시다. (저는 모바일은 블로, 데스크탑은 Adobe Premiere Pro를 사용합니다.)

구분	모바일 응용 프로그램	데스크탑 응용 프로그램
종류	− Adobe Premiere Rush − 캡컷 − 키네마스터(KINEMASTER) − 스마트폰 제조사 자체 편집기 − 블로(VLLO)	− Adobe Premiere Pro − Adobe Premiere Rush − 캡컷 − 다빈치리졸브 − Final Cut Pro − 필모라(Filmora) − 곰믹스 맥스 − 라이트웍스 − 모바비 − 샷컷 − Vrew − 윈도우 무비메이커

편집은 시간과 에너지가 많이 드는 작업입니다. 사전에 찍어 둔 영상 또는 사진을 일일이 분석하고, 자르고, 붙이고, 더하는 과정의 연속이기 때문입니다. 저는 첫 영상을 편집하는데 꼬박 이틀이 걸렸습니다. 여기서 팁 하나! 본격적으로 편집을 시작하기 전에, 파일 정리를 하면 편집이 편해집니다. 다음 사진을 봅시다.

영상, 또는 사진 재료 목록

2-1-1 큰 강의장.MOV
2-1-2 큰 강의장.MOV
2-2-1 작은 강의장(질의응답).MOV
2-2-2 작은 강의장(질의응답).MOV
2-3-1 차안.mp4
2-3-2 차안 .MOV
2-4-1 카페.MOV
2-4-2 카페.MOV
2-4-3 카페.MOV

짧은 길이로 여러 번 촬영한 영상(또는 사진), 숏테이크를 편집하기 전에는 위 사진과 같이 미리 파일 이름에 숫자를 더해 순서를 정해두는 게 좋습니다. (롱테이크는 편집점 활용) 저는 3개 숫자를 연결해 사용합니다.

첫 번째 숫자는 주제를 말합니다. 주제가 유사한 영상을 묶어두면 전체적으로 어떻게 흘러가는지 머릿속으로 그려집니다.

두 번째 숫자는 장소를 말합니다. 같은 주제지만 장소가 바뀔 때는 다른 숫자를 표기합니다. (만약 색다른 이벤트가 생기면 괄호 속에 메모해 둡니다.) 이런 식으로 표기해서 편집 전에, 특이점을 알고 시작하면 이야기 흐름에 강약을 조절할 수 있습니다. 시청자가 흥미로워할 만한 부분은 강조하고, 지루해할 것 같은 부분은 줄이는 식입니다.

세 번째 숫자는 촬영 시간순서입니다. 이 숫자가 있으면, 편집할 때 일일이 확인하지 않아도, 위치와 순서를 빠르게 파악할 수 있습니다. 참고로 시간순서는 꼭 지키지 않아도 됩니다. 순서를 바꾸는 것도 가능합니다. 그러면 다음과 같이 해석 가능합니다.

🔔 2 - 1 - 3 : 2번이라는 주제를 1번의 장소에서 찍은 3번째 영상 (이렇게 스스로 약속을 정하는 겁니다. 그러면 편집이 훨씬 수월해집니다.)

편집 순서는
'보고, 자르고, 옮기고, 꾸미기'다.

편집 방향은 동영상 분위기를 결정합니다. 재료가 같아도 편집 방법이 다르면 시청자를 울게 만들 수 있고, 웃게도 합니다. 또, 공을 많이 들일수록 짜임새 있는 결과물이 나옵니다.

Q – 그러면 편집에 시간을 얼마나 투자해야 할까요?

A – 유튜브 동영상 편집에 드는 시간은 적으면 적을수록 좋습니다.

1년 동안 편집해 완성도 높은 동영상을 만들어 업로드하는 것과 하루 만에 편집한 동영상을 올리는 것 중 결과가 좋은 것은 어느 쪽일까요?

결과는 누구도 알 수 없습니다. 유튜브 홈탭 옆에 있는 인기 동영상 탭을 본 적 있나요? 영상 자료 장면 사이를 자르는 컷 편집을 하나도 하지 않은 동영상이 조회 수가 폭발할 때도 많습니다.

우선 업로드부터 쉽게 합시다. 편집하는 데 지나치게 애를 쓰면 쓸수록 그만두고 싶은 마음이 생길 수 있습니다. 빠르고 효율적인 편집 방법이 필요합니다.

1. 편집 방향

"시청자는 이 동영상을 보고 난 뒤에 어떤 모습일까?"

기쁨, 슬픔 같은 감정이 들 수도 있고 유익함, 동기 부여를 느낄 수도 있습니다. 또, 책을 전혀 읽지 않던 사람이 서점을 찾고, 운동과는 거리가 멀던 사람이 퇴근 후, 산책 시간을 갖는 것처럼 이전에는 하지 않던 새로운 행동을 할 수도 있죠. 동영상에 담긴 메시지가 시청자에게 전달됐을 때, 그 결과가 어떨지를 떠올리면 편집 방향이 잡힙니다. 강조할 부분과 줄일 부분을 선택할 수 있고, 스토리 라인에 맞춰 재료(영상 또는 사진)를 배치할 수 있습니다.

물론, 편집 방향은 처음부터 끝까지 완벽하게 준비하지 않아도 괜찮습니다. 편집 과정 중에 의도한 바와는 완전히 다른 모습으로 바뀔 수도 있기 때문입니다. 큰 줄기를 떠올리는 것만으로도 충분합니다.

2. 편집 과정

오디오 볼륨 조절

유튜브 동영상을 보다가 인물의 목소리가 들리지 않아, 볼륨을 최대한 키운 적 있나요? 아니면 전체 볼륨이 너무 커서 황급히 볼륨을 낮춘 적은요? 재료 비디오가 가진 오디오 볼륨을 일정하게 맞추면 예방할 수 있습니다.

Q - 적당한 오디오 볼륨 크기를 모르겠어요.

A - 가진 재료가 모두 달라 기준을 정하기는 어렵습니다. 그럴 때는 유튜브 인기 동영상 탭으로 가 마음에 드는 동영상을 시청해 봅시다. 다음은 지금 보고 있는 동영상 볼륨과 비슷한 크기로 내 비디오를 편집할 차례입니다. 이 과정을 몇 번 반복하다 보면 나만의 오디오 볼륨 기준이 생깁니다. 저는 최초 소리를 7단계만큼 키웁니다.

비디오 화면 조절

촬영할 때는 동영상이 밝아 보였는데, 편집하려니 왠지 어둡게 보이나요? 또, 인물 크기가 너무 작아서 크게 키우고 싶기도 합니다. 그러면 비디오 화면을 조절하면 됩니다. 미리 비디오 비율/위치를 옮겨두고, 온도/색조/채도/노출/대비/밝기/선명도를 설정해

봅시다. 오디오 볼륨처럼 나만의 기준을 만들어 두면 다음 비디오를 편집하는 속도가 빨라집니다.

오디오 볼륨과 비디오 화면 조절 순서는 준비한 재료(영상 또는 소스) 종류에 따라 달라집니다. 여러 개의 장면을 멈추지 않고 한 번에 촬영하는 롱테이크는 인물 수와 장면 수가 상대적으로 적을 확률이 높습니다. 출연자 1명이 나와 정보 전달을 하거나, 2~3명 인원이 인터뷰나 대화를 나누는 식입니다. 이때는 기준점이 크게 바뀌지 않기 때문에 미리 오디오와 비디오 화면을 조절합니다. 만약 컷 편집을 한 뒤 조절이 필요하다면 그때 세밀하게 조절하면 편합니다.

장면을 여러 번 촬영하는 숏테이크는 변수가 많을 확률이 높습니다. 예를 들어 두 달 작가 채널은 강의장, 차 안, 카페, 식당을 돌아다니며 촬영합니다. 또, 두 달 작가뿐만 아니라 글쓰기 멘토 작가와 수강생, 교육 담당자도 출연합니다. 이때는 오디오, 비디오를 조절 기준을 잡기 어렵기에 모든 편집 과정을 마무리한 뒤 조절하는 게 좋습니다.

다음 내용은 순서를 지켜서 해야 합니다.

🔔 컷 편집 → 효과 적용 → 배경음악(BGM), 효과음 적용 → 자막 작성

컷 편집

필요하지 않은 오디오와 비디오를 잘라내고, 필요에 따라 재생 순서를 옮기고 붙이는 과정입니다. 재료(영상 또는 소스)를 편집 프로그램에 배치한 뒤, 일일이 재생하면서 진행하기 때문에, 많은 시간을 소요합니다. 이때 파일 정리나 편집점이 잘 돼 있으면 더 빨리 끝낼 수 있습니다. 저는 10분 남짓한 영상을 컷 편집 하는 데 평균 2시간 걸립니다.

효과 적용

컷 편집이 완료됐다면 이제 동영상을 꾸밀 차례입니다. 동영상을 풍부하게 보이게 하는 효과를 더해봅시다. 오디오 속도를 빠르거나 느리게 할 수도 있고 목소리를 변조할 수도 있습니다. 또 비디오 장면 효과인 디졸브(두 화면이 얇게 겹친 것으로 앞의 장면이 사라지는 동안 새 장면이 나타내는 것), 모자이크, 확대/축소를 사용하는 것도 가능합니다.

효과는 영상 분위기를 결정합니다. 다양한 효과를 적용하면서 내 콘텐츠에 맞는 기능을 반복적으로 사용하면 차별화된 이미지가 생깁니다.

배경음악(BGM), 효과음 적용

배경으로 삽입되는 음악과 효과음은 필수가 아닌 선택입니다.

지금까지 작업한 결과물을 처음부터 끝까지 재생해봅시다. 심심하거나 부족한 느낌이 든다면 배경음악과 효과음을 더해 결과물을 좀 더 풍성하게 만들어 봅시다.

자막 작성

자막 역시 선택의 문제입니다. 우선 자막 유무가 내 콘텐츠를 이해하는 데 영향을 미치는지부터 확인해봅시다. 전체자막이 필요할 수도 있고, 장면 중간에 삽입하는 부분자막만으로 충분할 수 있습니다. 심지어 아예 없는 것이 콘텐츠 집중에 도움을 줄 때도 있습니다.

잘 모르겠다면 유튜브 스튜디오로 가서 내 콘텐츠를 보는 시청자 연령대는 어떤지, 비슷한 주제를 다루는 다른 채널에는 어떤 언어 자막이 있는지 살펴봅시다.

3. 동영상 내보내기

사용하는 응용 프로그램에서 추출하기, 내보내기 기능을 클릭하면 동영상이 파일 형태로 저장됩니다. 여기서 잠깐! 만들어진 동영상을 업로드하기 전에 동영상 싱크(Sync)가 맞는지부터 확인합시다. 싱크가 일치한다는 것은 작업한 동영상의 비디오와 오디오가 동시에 재생된다는 것을 의미합니다. 영화를 볼 때, 배우의 입술과 목소리가 따로 노는 것을 본 적 있나요? 싱크가 맞지 않는 겁니다. 이런 현상은 원인이 다양하므로, 동영상을 파일 형태로 저장한 뒤 반드시 확인한 후 업로드를 해야 합니다. 만약 싱크가 맞지 않으면 내보내는 과정을 한 번 더 반복해 봅시다. 그래도 해결되지 않는다면 기술적인 문제를 찾아야 합니다.

저는 다음 표와 같이 작업합니다.

순서	내용	상세 내용
1	편집 방향	파일 정리, 주제 설정, 스토리 라인 초안
2	편집 과정	〈롱테이크〉 오디오 볼륨 조절 → 비디오 화면 조절 → 컷 편집 → 효과 적용 → 배경음악(BGM), 효과음 적용 → 자막 작성 〈숏테이크〉 영상(또는 사진) 배치 → 컷 편집 → 효과 적용 → 배경음악(BGM), 효과음 적용 → 자막 작성 → 오디오 볼륨 조절 → 비디오 화면 조절
3	동영상 내보내기	동영상 싱크 확인

썸네일, 숨길수록 좋다.

지금 유튜브 홈 화면에 들어가 봅시다. 그중에서 어떤 동영상을 볼 건가요? 흥미로운 썸네일과 제목을 가진 동영상에 시선이 가지 않나요. 우리는 시청자가 스크롤을 내리는 잠깐의 순간을 붙잡아야 합니다. 관심을 유발하는 단어와 문장이 클릭을 부릅니다.

Q - 그럼 썸네일은 어떤 프로그램으로 만들어야 하나요?

A - 채널 페이지 디자인을 할 때 활용했던 디자인 플랫폼을 활용하면 더 쉽게 만들 수 있습니다. 방법은 똑같습니다. 새롭게 창조하는 게 아니라, 기존 디자인에 내 색깔을 살짝만 입히는 겁니다. 본격적으로 썸네일 만들 차례입니다. 다음 사진을 봅시다.

〈생존스피치〉채널 초반에 업로드 한 동영상 썸네일입니다. 어떤 가요, 동영상을 클릭하고 싶은가요? 이 동영상의 업로드 초기 노출 클릭률은 4%로, 누구도 관심 있지 않았습니다. 너무 많은 정보가 구체적으로 담겨있기 때문입니다.

'왜? 어떻게? 무엇을?'

썸네일과 제목을 보는 순간, 시청자 머릿속에는 물음표가 떠올라야 합니다. 미리 내용을 구체적으로 알려주면, 시청자는 동영상을 클릭하지 않습니다. 예상이 가능하기 때문입니다. 영화 예고편을 떠올려봅시다. 중요한 반전 요소는 절대로 공개하지 않고, 오히려 숨겨둡니다. 유튜브 동영상도 마찬가지입니다. 정보는 알려주되, 핵심 요소는 감춰야 합니다. 그러려면 생략이 필요합니다. 다음 썸네일을 참고해 봅시다.

위 썸네일을 보면 시청자는 이런 궁금증을 가질 수 있습니다. "신입사원 첫인상이 '왜' 오래가지?", "그럼 좋은 첫인상을 만들기 위해 '무엇을, 어떻게' 해야 할까?"

이런 질문에 대한 답은 썸네일에는 전혀 공개되지 않았습니다. 핵심을 잘 숨겨둔 거죠.

제목에 대한 고민은 길게 하자.

제목은 썸네일에서 생긴 시청자 궁금증의 '일부'만 해결해 주는 곳입니다.

제목 : 첫 출근 날, 자기소개 잘하면 회사 생활 편합니다

위 동영상 제목에서 첫인상의 핵심 요소 중 중요한 하나를 알려 줍니다. 저는 '자기소개'를 드러냈습니다. 그런데 시청자에게는 아직 궁금증이 남았습니다. "왜 자기소개를 잘 해야 하는 건지", "그럼 어떻게 자기소개를 잘 해야 하는지"에 대한 답을 얻기 위해 시

청자는 클릭합니다. 남은 답변은 동영상에 있다는 사실을 시청자도 알고 있기 때문이죠. 그렇게 시청자는 구독자로 연결되고 시청 지속시간은 길어질 수밖에 없습니다.

저는 종종 편집하는 시간보다 썸네일과 제목에 대한 고민을 더 길게 할 때도 많습니다. 좋은 제목이 떠오르지 않으면 며칠 동안 업로드를 미루기도 합니다. 그만큼 썸네일과 제목은 중요합니다. 업로드 하기 전에 충분히 생각하는 시간을 가지면 노출 클릭률, 시청 지속시간이 달라집니다.

Q - 말한 대로 충분한 고민을 하고 업로드 했는데, 생각만큼 클릭이 나오지 않아요.

A - 이때 제가 자주 쓰는 마법의 단어가 있습니다. 마법의 단어는 바로 '3로', '절대로, 의외로, 함부로'입니다. 하나하나씩 살펴봅시다.

1) 절대로

하면 안 되는, 들어가면 안 되는, 보면 안 되는 같이 부정적인 콘텐츠의 호기심 증폭용입니다. '신입사원이 상사에게 해서는 안 되는 말' 콘텐츠를 만든다고 해봅시다. 조금 밋밋하지 않은가요. 이때 마법의 단어 '절대로'를 넣어봅시다. '신입사원이 절대로 상사에게 해서는 안 되는 말' 어떤가요.

2) 의외로

그야말로 약방의 감초, 멀티입니다. 노출한 동영상의 반응이 밋밋하다면 어떤 콘텐츠든 즉시 넣으면 됩니다. 무엇을 하건 의외로가 들어가는 순간, 콘텐츠의 반응은 상상 이상이 됩니다.

야, 이런 내용을 의외로 모른다고? 하는 순간, 시청자들 열 받습니다. 의외로 당신도 모르네? 놀리는 듯합니다. 그러니 누릅니다. 의외로 모를 리가 없다며 확인 바로 들어갑니다.

'남 눈치 보는 사람이 몰라서 놓치는 것', 하지만 이런 콘텐츠 흔하디 흔합니다. 여기에 의외로라는 마법의 단어 하나 달면 어떨까요?

3) 함부로

부정적 콘텐츠 제목으로 넣으면 좋은데, '절대로' 수준에는 못 미칩니다. 하지만 함부로가 들어가는 순간, 꿈틀합니다. 함부로라는 부사는 의외로 위험회피 본능을 자극합니다. 그냥 하는 게 아니라, '함부로 덤비다간' 하는 순간, 어감도 커지고 느낌도 커집니다. 슬슬 오던 느낌이 확 옵니다.

'귀지 파면 안 돼요' 정도였다면, 그저 묻히고 말았을 동영상. '귀지 함부로 파면 안 돼요' 라고 하면 어떨까요.

업로드 할 때,
놓치기 쉬운 것이 있다.

이제 드디어 내 채널에 첫 유튜브 동영상을 업로드 할 차례입니다. 업로드 방법은 다음과 같습니다.

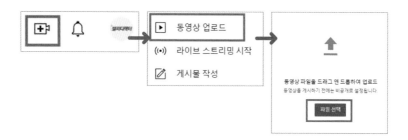

🔔 유튜브 홈 화면 → 1. 우측 상단 만들기(카메라 아이콘) 클릭 → 2. 동영상 업로드 → 3. 파일 선택

업로드 할 파일(3번)을 선택하고 나면 다음과 같은 화면이 보입니다.

업로드를 하기 위한 과정은 총 4단계입니다. 먼저 세부정보 제목부터 작성을 시작합니다. 다음 표를 참고하세요.

👍 세부정보

구분	상세내용	비고
제목	동영상 제목 작성	
설명	동영상 설명 작성	관련 있는 키워드를 최대한 사용
썸네일	썸네일 업로드 가능	
재생목록	동영상을 한 군데 묶어 분류	필수사항은 아님
시청자층	시청자층이 아동용 동영상인지 여부 선택(Y/N)	기본 설정 : N
연령제한(고급)	시청자층을 만 18세 이상으로 제한 여부 선택(Y/N)	기본 설정 : N
유료 프로모션	간접 광고, 스폰서쉽, 보증광고와 같은 유료 프로모션 포함 여부 선택	
자동 챕터	동영상 주요 순간의 시점을 표시해두는 기능	자동 설정
동영상 속 장소	동영상에 나온 주요 장소를 표시하는 기능	자동 설정
태그	동영상을 설명하는 키워드	과도한 사용 시 유튜브 정책 위반, 필수사항은 아님

언어 및 자막 면제 인증서	동영상에서 사용하는 언어 종류와, 자막 면제 인증서 선택	언어 : 자동 설정 자막 면제 인증서 : 필수사항은 아님
녹화 날짜 및 위치	동영상을 촬영한 시기와 위치 추가 기능	필수사항은 아님
라이선스	작품 사용 권한 범위 설정 (표준 YouTube 라이선스 / 크리에이티브 커먼즈 – 저작자 표시)	기본 설정 : 표준 YouTube 라이선스 ● 크리에이티브 커먼즈 – 저작자 표시 : 다른 사용자가 내 콘텐츠를 재사용하거나 수정할 수 있는 권한 부여
Shorts 리믹스	다른 사용자가 내 콘텐츠를 사용해 Shorts 동영상을 만들 수 있도록 허용	기본 설정 : 동영상 및 오디오 리믹스 허용
카테고리	동영상 카테고리 설정	
댓글 및 평가	댓글 표시 여부, 정렬 기준, 좋아요를 표시한 시청자 수 표시 여부	기본 설정 : 부적절할 수 있는 댓글은 검토를 위해 보류

여기서 팁! 저는 동영상 설명을 작성할 때 내용과 관련 있는 키워드를 최대한 많이 사용해 문장을 만듭니다. 예를 들어, 제목이 '일머리 키우기'라면 이런 식입니다.

"**신입사원** 때, **일머리**가 없다는 소리를 많이 들어서 참 속상했습니다. 그래서 여러분들은 **회사**에서 저와 같은 경험을 하지 않았으면 하는 마음에 **사회생활** 팁을 담아 동영상을 제작했어요. **출근길,**

퇴근길에 잠깐 시청하는 것만으로도 쉽게 이해할 수 있도록, 간단하지만 효과적인 **업무 능력 향상** 방법에 대해 다룹니다.(중략)"

설명글은 최대 5,000자까지 작성할 수 있습니다. 유튜브는 크리에이터가 동영상 업로드 버튼을 누르는 순간, 곧바로 분석하기 시작합니다. 어떤 주제를 다루고, 어떤 시청자가 좋아할지 분류하고, 시청자에게 추천해야 하기 때문이죠. 동영상 주제를 설명하는 연관 키워드를 최대한 상세하고, 구체적으로 작성해두면 이 과정에 도움을 줄 수 있습니다. 그러면 시청자가 내 동영상을 시청할 확률이 높아집니다.

👍동영상 요소

- **자막 추가** : 자막 파일 업로드, 자동 동기화, 직접 입력을 선택할 수 있습니다.
- **최종화면 추가** : 동영상이 끝날 때 다른 콘텐츠를 클릭 가능한 아이콘 형태로 홍보할 수 있습니다. 내 채널 구독하기, 재생목록, 추천 동영상을 추가할 수 있습니다.
- **카드 추가** : 동영상 재생 중, 우측 상단에 팝업창을 띄워 다른 콘텐츠를 홍보할 수 있습니다. 동영상, 재생목록, 채널, 링크를 추가할 수 있습니다.

여기서 팁! 저는 카드로 홍보하고 싶은 내용이 있으면, 카드를 추가하기보다 댓글로 작성하고, 댓글창 제일 상단에 고정해둡니다. (댓글 오른쪽 점 아이콘 클릭→고정 선택) 시청자가 동영상을 보고 있는 도중에 카드를 클릭하면 곧바로 동영상이 종료되고, 추천 페이지로 이동하기 때문입니다. 그러면 시청 지속시간이 줄어듭니다. 댓글창은 가장 하단에 위치하기 때문에 중간에 이탈할 확률이 낮습니다.

👍 검토

유튜브 시스템이 자동으로 동영상 적합성에 관해 검토하는 단계입니다. 저작권을 위반하지 않았는지, 광고를 게시하기에 적합한 내용을 담았는지, 유튜브 정책을 준수했는지 여부를 확인하는 과정입니다. 검토하는 시간은 동영상에 따라 다릅니다. 짧게는 5분 정도 소요됩니다. (저는 최대 3시간 정도 걸린 적도 있습니다.)

👍 공개 상태

동영상을 공개할 시기와 시청할 수 있는 사람을 설정할 수 있습니다.

1) 저장 또는 게시

– 비공개 : 나와 내가 선택한 사람만 동영상을 시청할 수 있습니다. 비공개 공유 버튼을 클릭해 초대 대상자의 이메일 주소를 작성하면 초대장이 발송 됩니다.

– 일부 공개 : 동영상 링크가 있으면 누구든 동영상을 시청할 수 있습니다.

– 회원 전용 : 누구나 내 동영상을 찾을 수 있지만, 회원(채널 멤버십 가입 구독자)만 시청할 수 있습니다.

– 공개 : 누구나 내 동영상을 시청할 수 있습니다. (인스턴트 Premieres 동영상으로 설정하면 동영상이 즉시 공개되는 것과 동시에, 실시간 채팅 기능을 사용할 수 있습니다. 시청자와 함께 소통하면서 동영상을 시청할 수 있는 기능입니다.)

2) 예약

– 동영상을 공개로 설정할 날짜와 시간을 지정할 수 있습니다. 이때, Premieres 동영상으로 설정할 수도 있습니다.

여기서 팁! 저는 처음에는 비공개로 업로드를 먼저 하고, 이후에 예약 업로드로 설정을 바꿉니다. 비공개로 업로드하면 시청자에게 공개되기 전에 유튜브에서 내 동영상이 어떻게 재생되는지를 먼저 확인할 수 있습니다. 동영상 내보내기 단계에서 미처 검토하지 못

한 부분이 있는지, 마지막으로 확인하고 혹시 다른 문제가 있는지 살펴봅니다. 문제가 없다면 원하는 날짜와 시간대에 예약 업로드 설정을 해둡니다.

04장

101명 ~ 500명 공략집
: 완성형이 아니라 완성 중이다.

2:15 / 6:55

업로드 후 이 지표들을 관찰하자.

동영상을 업로드 하고 난 뒤에 무엇을 하나요? 시도 때도 없이 내 채널에 들어가 조회 수와 구독자가 얼마나 오르는지 확인하고 있지는 않나요? 혹시 기대한 만큼 수치가 오르지 않아 실망스럽지는 않은가요. 사실 이 시기에는 너무나도 당연한 일입니다. 급작스럽게 조회 수가 오르고 구독자가 많이 생기는 사람도 분명 있지만, 대부분 유의미한 변화가 생기기에는 힘듭니다.

이때는 동영상 성적이 좋은지 아닌지를 판단하기는 이릅니다. 다만, 앞으로 뜨는 동영상이 될 수 있는지는 예측할 수 있습니다.

'시청 지속시간', '평균 조회율', '노출 클릭률',

Q - 그럼 위 지표는 어디서 확인 가능한가요?

A – 이 지표는 다음 사진과 같은 경로에서 확인할 수 있습니다.

🔔 유튜브 홈 우측 상단 프로필 → 유튜브 스튜디오 → 콘텐츠 → 해당

동영상 제목 클릭 → 분석 → 개요 : 평균 조회율, 시청 지속시간 →

도달 범위 : 노출 클릭률

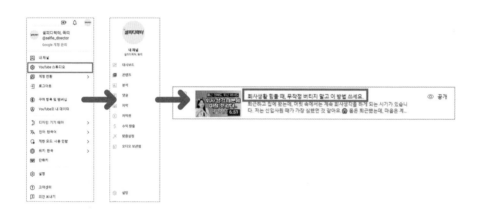

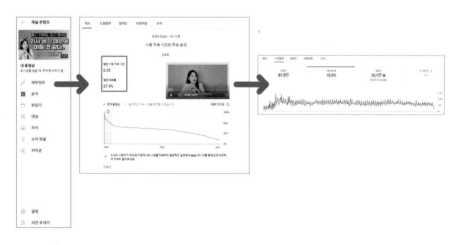

　　　　　누구나 한 달 만에 유튜브 구독자 1,000 명 만들 수 있다

- **시청 지속시간** : 전체 동영상 시간 중 얼마나 지속해서 시청했는지를 나타낸 수치

- **평균 조회율** : 전체 동영상 시간 대비 시청 지속시간 비율이 얼마나 되는 지를 비율로 나타낸 수치

만약 시청자가 20분인 동영상을 10분 봤다면 시청 지속시간은 10분이고, 평균 조회율은 50%입니다. (10분/20분 X 100%)

- **노출 클릭률** : 썸네일 노출 시, 얼마나 많은 시청자가 내 동영상을 얼마나 클릭하는지를 비율로 나타낸 수치

예를 들어 유튜브 검색창에 '직장생활'이라는 검색어를 입력했다고 가정해 봅시다. 이때 '신입사원 자기소개'라는 내 동영상 썸네일이 보인다면, "노출됐다."라고 표현을 합니다. 자동으로 유튜브 홈 화면에서 떠 있는 것도 마찬가지입니다. 만약 내 동영상이 100명에게 노출됐을 때, 실제로 썸네일을 클릭한 사람이 10명이면 노출 클릭률이 10%가 되는 겁니다.

노출 클릭률은 동영상을 판단하는 중요한 지표 중 하나입니다. 높으면 높을수록 좋습니다.

Q - 그럼 지표별 구체적인 기준은 어떻게 되나요?

A - 저는 10분 길이 영상을 기준으로 다음 표와 같은 기준을 갖고 있습니다.

시기	평균 조회율	시청 지속시간 (10분길이 영상)	노출 클릭률
업로드 48시간 이후	40% 이상인가?	4분 이상인가?	7% 이상인가?

제 동영상(10분 기준)은 위 표 기준에 근접했을 때, 좋은 성적을 냈습니다. 위 표의 기준은 콘텐츠에 따라 다릅니다. 따라서 콘텐츠를 업로드 할 때마다 수치를 관찰하고 기록해서 본인 만의 기준을 만들어 둘 필요가 있습니다.

Q - 그럼 수치가 높으면 높을수록 좋은 결과를 낼 수 있겠군요?

A - 수치보다 중요한 것이 흐름입니다. 계속 위 지표들이 우상향하고 있다면 긍정적 신호입니다.

답은 시청자가 가지고 있다.

Q - 평균 조회율, 시청 지속시간, 노출 클릭률을 올리는 좋은 방법이
있나요?

A - 답은 시청자에게서 찾으면 됩니다. 다음 사진을 참고해, 시청자 정
보가 모두 모여있는 곳으로 가봅시다.

🔔 시청자 정보 확인 : 유튜브 스튜디오 → 분석 → 시청자층

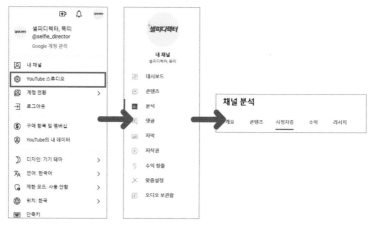

저는 이 정보로 내 시청자가 어떤 사람인지 상세하게 그려봅니다. 그 후 다음 표와 같이 스스로 질문을 던져 답변하는 과정을 거칩니다. 그러면 새로운 콘텐츠를 만들고, 채널을 운영하는 데 도움이 됩니다.

구분	종류	질문	답변
1	재방문 시청자, 순 시청자, 구독자 수	1) 재방문 시청자 비율을 어떻게 늘릴 수 있을까? 2) 순 시청자 대비 구독자 전환율은 얼마를 목표로 할까?	1-1) 시리즈 콘텐츠 만들기, 정기적인 업로드 주기 공지하기 1-2) 현재 1% → 목표 2%
2	시청자의 증가를 유도한 동영상	이 동영상을 본 시청자를 위해 유사한 콘텐츠를 어떻게 만들까?	동일한 주제를 다른 형식으로 만들기
3	내 시청자가 유튜브를 이용하는 시간대	내 동영상을 언제 업로드해야 조회 수가 높을까?	다수가 유튜브를 이용하는 시간대 1시간 전 또는 1시간 후 → 실험 후 기준 만들기
4	구독자 종 모양 아이콘 알림 비율(내 채널의 모든 알림 사용 설정한 구독자)	내 채널의 알림 설정 비율을 모두 사용으로 바꿀 방법이 있을까?	구독자 이벤트 진행, 인트로 멘트 변경
5	구독자 시청시간	구독자 시청시간 비율을 얼마나 늘려야 할까?	현재 11% → 목표 20%
6	연령 및 성별	편집 기획 시 설정한 타깃과 실제 타깃은 같은가? 다르다면 어떻게 할까?	● 설정 타깃 : 20대 여성 → 실제 타깃 : 20,30,40대 여성 ● 타깃 공통점 관심사 분석 후 대본에 반영하기

7	내 시청자가 시청하는 채널	왜 이 채널을 자주 시청하는 걸까?	콘텐츠 주제, 캐릭터 비교하기
8	내 시청자가 시청하는 콘텐츠	왜 이 콘텐츠를 봤을까?	콘텐츠 제작 방식, 전달 방법 비교하기
9	내 시청자가 유튜브에서 시청하는 형식(동영상/ 쇼츠/실시간)	긴 동영상과 Shorts 시청 숫자는 얼마나 되는가?	다수가 보는 시청 형식에 맞춰 추가 콘텐츠 제작하기
10	많이 본 지역	어떤 나라에서 많이 봤을 까, 그 시청자의 댓글 참 여도는 얼마나 될까?	지역에 맞는 추가 자막 제작
11	인기 자막 언어	자막 활용도가 얼마나 될 까? 꼭 필요한 걸까?	자막 파일 제작 방향을 결정

만약 이 정보가 보이지 않는다면, 분석할 시청자 수가 부족하다는 뜻입니다. 꾸준히 콘텐츠를 제작해 구독자와 조회 수를 늘려봅시다.

이제는 다르게 만들어보자.

　충분히 시청자를 분석하고 실행 방안대로 콘텐츠를 만들었는데도, 구독자와 조회 수가 제자리걸음 중인가요? 또, 내 의도를 오해하는 댓글이 자꾸만 달리고, 콘텐츠 방향이 잘 못 된 건 아닐까 하는 의심이 드나요. 그렇다면 이제는 한 꿋만 바꿔서 색달라 보이는 콘텐츠를 만들어 볼 시간입니다. 내 유튜브 채널은 여러 가지를 실험하는 연구실입니다. 아직 완성형이 아닙니다. 기존 포맷을 새로운 느낌으로 계속 바꿔봅시다.

　Q - 갑작스러운 변화 때문에 만약 구독자가 구독 취소를 누르면 어쩌죠?

　A - 여러분은 언제 구독 취소를 누르나요? 분명 어제는 운동 채널이었는데, 오늘은 요리 채널로 바뀐 정도의 수준이 아니면, 쉽게 구독 취소를 누르지 않습니다. 새로운 콘텐츠를 만들라는 것은 주제부

터 시작해 모든 것을 통 채로 바꾸라는 뜻이 아닙니다. 주제는 같되, 조금의 변화를 주는 정도면 충분합니다.

Q - 그럼 어떻게 변화를 주면 되나요?

A - 변화를 주는 방법은 세 가지입니다. 다음과 같습니다.

👍동영상 내용 전달 방법 바꾸기

콘텐츠 주제를 전달하는 방법이 만약 강의식이었다면, 대화식으로 바꾸는 것입니다. 강의식 일 때는 일방적인 전달이지만, 대화식일 때는 가상의 구독자를 정해 소통하듯이 방법을 바꾸는 것이죠. 그러면 "절대로 하면 안 되는 말하기 습관"이라는 동영상 제목을 이렇게 표현할 수 있습니다. "이렇게 이야기해서 이미지 망했습니다." 이렇게 같은 주제라도 표현하는 방법을 바꿔 변화를 주는 것입니다.

👍동영상 분위기 바꾸기

분위기를 바꿔도 됩니다. 다양한 소품을 설치하거나, 편집 요소를 추가하고 삭제해 확실히 분위기를 바꿔봅시다. 의상을 바꿔도 됩니다. 예를 들어 강의식으로 전달할 때는 정장 차림이 좋겠죠. 또, 책장을 배치해 신뢰감 있는 이미지를 보여줄 수도 있습니다. 반대로 대화 형식일 때는 캐주얼한 옷차림으로 꽃과 조명을 배치해 따뜻한 느낌을 전합니다.

편집 방식을 바꿔도 됩니다. 예를 들어 강의식으로 전달할 때는 영상 색감 온도를 낮추고, 자막 폰트도 각진 형태를 선택합니다. 대화 형식일 때는 반대로 영상 색감 온도는 높이고, 자막 폰트는 둥근 형태를 선택합니다.

👍 새로운 소재 더하기

콘텐츠 주제를 색다르게 표현하고 싶을 때 쓰는 방법입니다. 주제를 설명하는 새로운 소재를 더 합니다. 예를 들어 말 잘하는 법이라는 주제에 직장생활이라는 소재로 "직장에서 신뢰감을 주는 사람이 쓰는 말투"라는 콘텐츠를 만들었다면, 연예인이라는 소재로 바꿔 "유재석의 말하기는 이래서 신뢰감을 준다."라는 콘텐츠 제목을 만들 수 있겠죠.

끊임없이 변화하면 할수록 여러분의 콘텐츠는 더 탄탄해지고, 풍성해질 겁니다. 자, 오늘은 어떤 콘텐츠를 색다르게 바꿔 볼 건가요?

댓글만 잘 관찰해도
구독자가 늘어난다.

"띠링" 유튜브 스튜디오 어플 알람이 울립니다. 업로드한 동영상에 시청자 댓글이 달린 겁니다. 여러분은 댓글이 달리면 어떻게 행동하나요? 혹시 다음처럼 행동하고 있지는 않나요?

댓글 – 기대감 없이 면접을 본 회사에서 합격 소식을 전해 받았습니다. 2년 전 퇴사한 직장에서 받은 상처가 아직도 아물지 않아, 합격 소식에 기쁨보다는 악몽 같은 생활이 반복될까 두려워 밥도 안 넘어갈 만큼 힘이 듭니다. 내성적이고 소심한 데다 눈치를 많이 봐서 다시 사무실 막내로 들어갈 생각을 하니, 암담하기만 하고 방법이 떠오르지 않습니다. 조언 부탁드려도 될까요?

답변 – 이전 일의 원인이 본인께 있다고 생각하시는 건 아닐까 걱정이 됩니다. 어떤 일이 있으셨는지는 알 수 없으나, 그 원인의 화살을 본인에게 돌려서 상처받지 않으셨으면 좋겠습니다. 굳이 원인을 찾는다면 '그때의 상황과 사람들이 나와 맞지 않았다.' 정도면 어떨까요? 현 직장 또한 미래를 장담할 수는 없으나, 2년 전보다 훨씬 성장한 당신이 더 나은 선택을 할 수 있을 거라고 믿습니다. 비록 그 길이 험난하다 해도, 잘 이겨낼 거예요. 지금 마음이 나은 길을 위한 디딤돌이 될 테니까요. 위로나 도움이 필요할 땐 언제든 들러주세요. 더 이상 혼자가 아닌걸요.

내 채널을 찾아와 준 고마운 시청자를 위해 최선을 다해 답변합니다. 알고 있는 모든 지식과 정보를 나눠주기도 하고, 위로의 마음을 잔뜩 담아 응원하기도 합니다. 어쩌다 댓글을 단 시청자가 다시 답글로 감사함을 표현하기라도 하면 온종일 마음이 들뜹니다. 내 답변이 도움이 되었다는 뜻이니까요.

여기서 잠깐! 답변을 글뿐만이 아니라 영상으로도 만들면 어떨까요? 댓글을 통한 답변은 질문 당사자만 보고 활용할 수 있지만, 이 답변을 영상으로 만들면 더 많은 사람에게 도움이 될 수 있기 때문입니다. 다음 댓글을 봅시다.

질문 – 직장 다닐 때, 일 못 하고 융통성이 없다는 얘기를 많이 들었습니다. 잘해 보려고 노력을 하긴 하는데, 잘 안됩니다. 영상 보고 많이 연습해야겠어요. 좋은 영상 감사합니다. 그런데 이런 경우에는 어떻게 해야 하나요?

직속 상사인 A 사수에게 인수인계 받은 방법대로 업무처리를 하다 보면, 다른 팀인 B/C/D 상사가 꼭 한 마디씩 거듭니다. "그런 식으로 하는 업무가 아니다."라면서 새로운 방법을 알려주고 그대로 하라고 합니다. B/C/D 상사가 알려준 대로 하면 A 상사가 왜 멋대로 하냐며 언성을 높이는 경우가 여러 번 있습니다. 이럴 땐 어떻게 해야 하나요?

이 댓글은 '7분 만에 사회생활 일머리 키우기'라는 동영상에 달린 댓글입니다. 작성자는 업무 처리 방법이 각자 다른 A, B, C, D 상사 사이에서 어떻게 행동해야 할지 모르겠다며 질문을 남겼습니다. 제가 남긴 답변은 다음과 같습니다.

답변 - 업무 처리 시 사공이 많으면, 나만의 기준을 갖고 행동하는 게 도움이 됩니다.

1. 피드백 받은 내용 중, 내게 가장 유용한 방법이 무엇인지 판단하기
2. 사수, 결재권자에게 보고형식으로 방법을 제안하기
3. 상사와 협의 후, 업무 처리 방법 결정하기

말씀하신 위 상황에 해당 방법을 적용하면 다음과 같습니다.

• A 사수에게 인계받은 방법대로 업무처리 → B/C/D에게 피드백 받음 → 얻은 정보 중, 내게 가장 유용한 방법 선택 → A 사수에게 보고 → "여러 방

법으로 업무처리가 가능한데, 이런 식으로도 해볼까요?" → 이때, B/C/D 상
사에 관한 말은 최소한으로 줄임 → 사수, 결재권자 의견을 더해 최종 방법
선택 → 가능하다면 메일, 메신저를 활용해 해당 내용에 대한 기록 남기기

결국, A 상사에게 질문하고 방법을 제안해보고 또, 조율하라는
내용입니다. 답변을 작성하다 보니 이런 생각이 듭니다. "맞아. 신
입사원 시절에는 상사에게 제안하거나, 질문하는 것, 조율하는 게
힘들었지." 아무래도 직장생활을 오래 하다 보니 잊고 있었던 신입
사원 시절 마음이 떠오릅니다. 곧바로 이 생각을 담은 동영상을 바
로 다음과 같이 제작하기 시작했습니다.

상사에게 질문하는 법 동영상 썸네일

이 동영상을 게시하고 얼마 지나지 않아, 새로운 시청자들이 채
널을 찾아옵니다. 조회 수가 점점 늘어나면서 구독자 증가는 물론
이고, 다음과 같은 메일이 도착합니다.

'[00기업]기업 출강 문의의 건'

시청자 댓글에서 힌트를 얻고, 영상으로 제작했을 뿐인데 새로운 구독자가 생기는 것뿐만 아니라, 기업체 신입사원을 대상으로 한 커뮤니케이션 강의 요청까지 받은 겁니다.

동영상을 업로드하고 난 뒤에 달리는 시청자 댓글을 꼭 잘 살펴봅시다. 그 속에는 시청자가 궁금해 하는 내용이 담겨 있습니다. 만약 이 댓글에 대해 답하고 싶은 마음이 생겼다면, 댓글로만 멈추지 말고 즉시 동영상으로 만들어봅시다. 그러면 더 많은 구독자가 생길 것입니다.

장비, 가심비가 아니라
가성비로 구매하자.

유튜브 동영상을 업로드하다 보면 댓글창에서 신호가 울립니다. 동영상에 보완하면 좋을 점에 대해 시청자가 목소리를 높이기 때문입니다.

"음질이 좋지 않아서 내용이 잘 안 들려요. 마이크 좀 써주세요!"

저는 이런 댓글이 쌓이기 시작했을 때부터 유튜브 장비를 구매했습니다. 장비 구매를 추천하는 시점은 2가지입니다. 첫째는 시청자가 요구할 때, 둘째는 스스로 다른 동영상과 비교하게 될 때입니다. 업로드를 하고 나면 편집 시점에는 보이지 않던 것들이 귀신같이 눈에 들어옵니다. 제 경우에는 다른 동영상과 비교해 인물 얼굴에 빛이 부족하고 전체적으로 주변이 어두워 보여 조명 장비를 샀습니다.

장비를 처음 구매하는 거라면 가심비가 아니라, '가성비'가 좋은 선택을 합시다. 초보 시절에는 입문자용 장비면 충분합니다.

Q - 이왕 사는 것 처음부터 좋은 장비를 사야, 추가 지출을 막을 수 있지 않을까요?

A - 되묻겠습니다. 좋은 장비란 어떤 장비인가요? 무조건 비싸고 기능이 많아야 좋은 걸까요. 콘텐츠 주제와 형식에 따라, 필요한 장비종류가 달라집니다. 앞으로 할 모든 콘텐츠를 예상할 수 있는 게 아니라면, 지금 콘텐츠를 만드는데 필요한 기능만 있는 장비만 있어도 충분하지 않을까요? 처음부터 고가의 장비를 사는 것보다, 필요에 따라 장비를 교체하는 게 더 이득일 수 있습니다. 이제 다음 구매기준을 참고해 가성비 좋은 장비를 구매해 봅시다.

👍구입처

사업자등록을 하지 않았다면, 장비는 중고로 구매하는 게 좋습니다. 지금 중고 물품 판매 사이트에 접속해 유튜브 장비를 검색해봅시다. 저는 판매 게시글에 이런 말이 있는 제품을 주의 깊게 봅니다. "유튜브 하려고 샀는데, 안 쓰게 돼서 팔아요.","딱 2번 촬영하고 박스에 그대로 넣어 뒀어요."

👍콘텐츠 별 추천 형태

마이크

1인 혹은 인터뷰 형 콘텐츠를 제작할 때는 핀 마이크를 추천합니다. TV 속 연예인이 옷깃에 달고 있는 작은 마이크가 바로 핀 마이크입니다. 작지만 성능은 확실합니다. 유선형 핀 마이크는 1만 원대면 충분히 구매할 수 있습니다. 만약 외부 촬영이 많다면 무선형이 더 편합니다. 저는 3만 원대 스마트폰 전용 제품을 구매했습니다. 여기서 잠깐, 구매 시 스마트폰에 연결해 바로 사용할 수 있는가를 꼭 확인합시다. 일부는 데스크탑 전용 상품도 있기 때문입니다.

ASMR처럼 소리가 중요한 콘텐츠를 만들 때는 고정형 마이크를 추천합니다. 녹음 부스에서 사용하는 마이크가 바로 고정형 마이크의 한 종류입니다. 거치대를 활용해 한 자리에 세워 둘 수도 있고, 원하는 장소에 맞춰 설치할 수도 있습니다.

조명

먹방, 장난감 언박싱처럼 인물보다 사물 중심인 콘텐츠를 한다면 외부 조명 활용을 추천합니다. 사진관에서 쉽게 볼 수 있는 우산 모양 소프트박스 조명과 직접적인 빛을 내는 LED조명을 배치해 사물을 더 돋보이게 합시다. 또, 인테리어용 내부 조명도 활용해 동영상 분위기를 바꿀 수 있습니다.

촬영 보조 장비

만약 롱테이크로 촬영을 한다면 셀카봉은 필수입니다. 언제 어디서나 스마트폰을 쉽게 거치하고 고정할 수 있기 때문입니다. 만약 촬영 대상이 1m 이상 떨어져 있거나, 전신 촬영을 많이 한다면 삼각대를 구입하는 것도 도움이 됩니다.

유튜브 하나만 쳐다보지 말자.

구독자 댓글에 이렇게 답했습니다.

"오프라인에서 진행하는 스피치 강의는 어디서 들을 수 있나요?"

"강의 계획서, 일정은 블로그에서 확인하실 수 있습니다. 링크는 아래와 같습니다. (중략)"

같은 주제의 콘텐츠가 쌓이면 쌓일수록, 팬이 늘어나면서 요청이 많아집니다. 이제는 적극적으로 당신을 브랜딩할 시간입니다. 다른 플랫폼에도 계정을 만들어 적극적으로 홍보해봅시다.

Q - 어떤 플랫폼을 활용해야 하나요?

A - 인스타그램, 블로그, 틱톡, 페이스북. 또, 자주 사용하는 플랫폼이 있다면 어디든 괜찮습니다. 저는 블로그를 주로 활용합니다. 홍보는 구체적일수록 좋습니다. 예를 들어 완성한 강의 계획서만 올리는 것이 아니라, 기획하고 제작하는 과정을 모두 담아 게시하는 겁니다. 스토리가 들어가면 구매 욕구를 더 자극할 수 있습니다.

이제는 유튜브에 동영상을 업로드 하고 나면, 다른 플랫폼 계정에도 동시에 노출하면 좋습니다. 유튜브 구독자뿐만 아니라, 인스타그램/틱톡 팔로워, 블로그 서로이웃과도 만나야 할 때입니다. 긴밀하게 소통할수록 찐 팬이 만들어집니다.

여기서 팁! 다른 플랫폼에 게시할 때는 동영상을 조금 다듬어 줄 필요가 있습니다. 전체를 완전히 수정하는 것이 아니라, 부분만 바꿔봅시다. 동영상 크기를 조절하는 겁니다. 원본 동영상 비율은 그대로 유지한 채, 동영상 크기만 변경해 봅시다. 다음 표에서 플랫폼 종류에 따라 추천하는 동영상 크기를 참고해 봅시다.

플랫폼 종류	추천 동영상 크기
인스타그램	• 피드 업로드 → 1:1(정방형), 4:5(직사각형) • 릴스, 스토리 업로드 → 9:16(세로형)
블로그	16:9(가로형)
틱톡	9:16(세로형)
페이스북	4:5(직사각형)

유튜브 동영상은 16:9 크기로 제작했습니다.(긴 동영상 기준) 편집 응용 프로그램이나 자동으로 크기를 조절해주는 '동영상 크롭 조절'사이트를 활용해 플랫폼에 맞는 크기로 바꿔봅시다.

동영상 비율을 조절할 때는 두 가지 옵션을 선택할 수 있습니다. 원본 동영상을 추천 크기로 자르거나, 원본 동영상 비율은 그대로 유지하면서 크기만 조절하는 겁니다. 저는 크기를 조절하는 편입니다. 그러면 각 플랫폼에 맞는 동영상을 빨리 여러 개 만들 수 있기 때문입니다.

05장

501명 ~ 1,000명 공략집

: 계속 진화하지!

2:15 / 6:55

구독자 500명,
수익 창출을 시작하자.

과거에는 구독자 1,000명이 수익 창출 기본 조건이었는데, 2023년 6월 중순에 기준이 바뀌었습니다. 이젠 구독자 500명만 달성해도 구글이 크리에이터와 수익을 나누기 위해 만든 유튜브 파트너 프로그램(YPP)에 가입할 수 있기 때문입니다. 다음 표를 참고해 YPP를 알아봅시다.

구분	채널 자격요건 기준			사용 가능한 수익 창출 기능
종류	구독자 수	동영상 업로드	시청시간 OR 조회 수 (선택 1개)	
신규	500명	90일간 공개 동영상 업로드 3회	1. 지난 365일간, 긴 형식(1분 초과) 동영상의 시청시간 3,000시간 또는, 2. 지난 90일간, Shorts 동영상 조회 수 300만회	● 채널 멤버십 ● Super Chat 및 Super Sticker ● Super Thanks ● YouTube Shopping (자체 제품 홍보)

기존	1,000명	없음	1. 지난 365일간, 긴 형식(1분 초과) 동영상의 시청시간 4,000시간 또는, 2. 지난 90일간, Shorts 동영상 조회 수 1,000만회	● 채널 멤버십 ● Super Chat 및 Super Sticker ● Super Thanks ● YouTube Shopping (자체 제품 홍보) ● 보기 페이지 광고 ● Shorts 피드 광고 ● YouTube Premium

위 표의 채널 자격요건 기준을 충족했다면 다음 사진을 따라 YPP에 가입을 해봅시다. 가입 단계는 3단계입니다.

🔔 1단계 : YPP 기본 약관 동의 → 2단계 : 구글 애드센스 가입 → 3단 계 : 검토

이 단계를 거치면 수익 창출 기능을 사용할 수 있습니다. 사진 1 을 참고합시다.

사진 1 YPP 가입 단계

누구나 한 달 만에 유튜브 구독자 1,000 명 만들 수 있다

1단계부터 차근차근 시작해봅시다. 우선 2번 사진을 봅시다.

사진 2

사진 3

우선 유튜브 스튜디오로 들어가 왼쪽 아래 수익 창출 Tab(사진 2.빨간 글자)을 클릭합니다. 그럼 3번 사진으로 넘어가고 YPP 신청하기 버튼이 활성화된 걸 확인할 수 있습니다. 만약 유튜브 스튜디오에 들어가자마자 보이는 화면에 있는 구독자와 시청시간 숫자가 다르게 표시된다면 며칠 후에 다시 확인하면 됩니다. 업데이트 및 반영 시간의 차이가 있을 수 있기 때문입니다.

이제 2단계, 구글 애드센스에 가입할 차례입니다.

구글 애드센스 가입 방법

🔔 구글 애드센스 홈페이지 접속 → 구글ID 로그인 → 애드센스 가입 정보 입력 → 광고 설정 단계 입력

2단계를 완료하고 나면 3단계는 자동 신청됩니다. 유튜브가 내 채널이 수익 창출 정책을 준수하는지 검토하기 시작합니다. 이 과정이 완료되면 한 달 내에 이메일로 알림이 옵니다. 기간은 상황에 따라 다를 수 있습니다. (저는 신청 4일 만에 검토가 완료됐습니다.) 만약 시기가 늦어진다면 유튜브 고객센터로 문의하는 과정이 추가로 필요합니다.

수익을 유튜브 시스템 외부에서도
얻어 보자.

유튜브에서 수익을 창출하는 방법은 크게 두 가지로 나뉩니다. 수익을 유튜브 시스템 내부에서 받는 것과 외부에서 얻는 겁니다. 내부 수익은 앞서 말한 YPP 가입으로 유튜브와 수익을 공유하는 것입니다.

Q - 외부에서 오는 수익은 다른 플랫폼에서 오는 수익을 뜻하나요?

A - 맞습니다. 그 예로는 네이버TV, 인스타그램, 틱톡, 페이스북을 들 수 있죠. 그런데 수익은 다른 플랫폼에서만 오는 것만은 아닙니다. 관공서에서 강의 제안을 받을 수도 있고, 다른 유튜브 채널이나 기업체에서 제품 협찬, 콜라보 콘텐츠 제작을 의뢰할 수도 있습니다.

"유튜브 보고 연락드립니다."

저는 YPP 가입 조건을 충족하지도 않았는데 첫 수익이 생겼습니다. 직원을 대상으로 하는 기업체 강의 의뢰를 시작으로, 구독자와 조회 수가 늘어날수록 여러 종류의 제안을 받은 겁니다. 구독자 1,000명을 달성하고 나서부터는 매일 아침 메일함 속에 새로운 메일을 확인하는 게 일상이 됐습니다.

유튜브가 크리에이터에게 수익을 나눠주는 자격요건과 기준을 달성하기 전에 수익이 생길 수 있었던 이유가 뭘까요? 제가 찾은 해답은 바로 콘텐츠 안에 메시지를 담는 것입니다. 콘텐츠에 메시지를 담으면 양질의 콘텐츠가 탄생합니다. 그러면 시청자가 구독 버튼을 누르고, 내 동영상이 널리 퍼지기 시작하면서 외부에서 여러 기회가 찾아옵니다. 저는 채널 페이지 디자인부터 시작해 동영상을 업로드하고, 유튜브 스튜디오 분석과 시청자 댓글 피드백하는 모든 과정 안에 메시지를 담으려 노력했습니다.

메시지는 내가 시청자에게 하고 싶은 모든 말입니다. 잘 몰랐던 유익한 정보를 나눠 줄 수도 있고, 따뜻한 위로를 건네거나 웃음을 전할 수도 있습니다. 그리고 사랑, 자기계발 이야기를 통해 시청자의 가슴에 불을 지필 수도 있죠. 또, 관심을 기울이지 않으면 잘 모르는 신기한 것들에 대해 알려줄 수도 있습니다.
여러분 주변에 자꾸만 대화하고 싶고, 보고 싶은 사람이 있나요?

그 사람은 어떤 사람인가요. 눈이 마주칠 때마다 내 심장을 두근거리게 하는 사람일 수도 있고, 말 한마디 한마디에 지식이 뚝뚝 떨어지는 사람이라 존경심이 드는 사람일 수도 있습니다. 만날수록 끌리는 사람은 내게 끊임없이 메시지를 던지고 있는 사람입니다. 유튜브도 마찬가지입니다.

내 채널 구독자는 자신의 시간을 나와 공유하기로 약속한 사람입니다. 유튜브 광고를 보는 시간을 줄이려고 유튜브 프리미엄을 구독하는 시대입니다. 저는 구독자가 이런 귀한 시간을 내게 나눠주는 이유를 메시지에서 찾습니다.

Q - 그럼 콘텐츠에 메시지는 어떻게 담아야 하나요?

A - 메시지를 담는 방법은 간단합니다.

"이 사람에게 내가 줄 수 있는 것이 무엇일까?"

예를 들면 과거 저와 같은 사회 초년생들이 갖는 고민에 답을 제시하는 것도 메시지가 됩니다. 저는 사회 초년생 시절이 참 버거웠습니다. 사무실에 앉아 멀뚱멀뚱 바쁜 선배들을 바라보는 시간이 고역이었고, 회식 때마다 단 한 번을 빠지지 않는 건배사 시간이 두려웠습니다. 또, 한창 업무를 배울 시기에는 질문 한 번 하기가 어찌나 어렵던지. 게다가 일요일 저녁이 되면 누군가 내 심장을 쥐어짜는 게 아닐까 하는 월요병에 시달렸습니다. 아침 출근길에 가벼운 사고라도 당하면 출근하지 않아도 되는 걸까? 라는 생각마저 하면서요.

그래서 다음과 같은 동영상을 만들어 유튜브에 업로드했습니다. 하기 싫은 건배사 군이 새로 떠올리지 않고, 제가 만든 건배사를 그대로 따라 할 수 있도록 도와주는 동영상을 만들었습니다. 또, 상사에게 쭈뼛거리며 말을 걸지 않도록 질문하는 법을 구체적인 상황을 들어 보여줬고, 월요병을 이겨냈던 나만의 노하우를 옆집 친구가 이야기하는 것처럼 담담하게 풀어냈습니다.

Q - 전달할 대상이 구체적으로 떠오르지 않으면요?

A - 시청 대상이 구체적으로 떠오르지 않으면, 과거의 나를 떠올려도 됩니다.

이렇게 만든 메시지는 뜻밖의 사람에게 닿을 수도 있습니다. 10대의 나를 떠올리고 만든 메시지가 50대 부모님들의 마음에 닿을 수도 있습니다. 신입사원을 위해 전한 메시지가 12년 차 과장의 마음속에 들어갈 수도 있습니다. 마치 제가 신입사원에게 전하는 메시지가 담긴 콘텐츠가 기업교육 담당자 눈에 띄어 출강 요청을 받은 것처럼 말이죠.

메시지가 담긴 콘텐츠는 외부에서 수익이 스스로 찾아오게끔 도와줍니다. 여러분의 콘텐츠는 어떤 메시지를 담고 있나요?

찐 팬을 만나러 가자.

"저 구독자 500명 때부터 이 채널 구독했어요."

10만, 100만 구독자가 넘는 대형 유튜브 채널에서 심심찮게 보이는 댓글입니다. 구독자가 이런 말을 하는 이유가 뭘까요? 구독자 0명인 유튜버가 1,000명을 넘어 10만 명이 되는 과정을 함께 지켜본 구독자는 마치 다 큰 성인이 된 조카를 바라보는 삼촌, 이모와 비슷한 마음을 가지게 됩니다. 마치 이 말은 "내가 너 어렸을 때부터 봤잖아."라는 말과 비슷합니다.

누군가가 성장하는 과정을 지켜보다 보면 점점 마음속 깊은 곳에서부터 '친밀감'이 올라옵니다. 한 번도 만나본 적 없는 사람이지만 왠지 모르게 응원하게 됩니다. 커다란 TV 속에 있는 유명 연예인보다, 작은 스마트폰 속에 있는 일반인이 왠지 더 가깝게 느껴지는 법입니다. 심지어 왠지 우리 옆집에 살 것 같은 느낌마저 듭니다. 이 사람이 잘됐으면 좋겠다는 마음이 자라다 보면 점점 눈과 손가락이 늘 상대를 쫓아다닙니다. 그렇게 구독자는 진짜 팬, '찐 팬'이 됩니다.

'찐 팬'은 내 콘텐츠의 가치를 아는 사람입니다. 그래서 찐 팬을 얻는다는 것은 마치 전쟁터에 나가기 전에 천군만마를 얻은 것과 같습니다. 찐 팬은 어떤 콘텐츠를 만들어야 할지 갈피가 잡히지 않을 때, 힌트를 남겨 주는 사람입니다. 또, 콘텐츠를 제작하다가 나도 모르게 큰 실수를 했을 때 진심 어린 조언을 해주는 사람입니다. 동영상 실적이 좋지 않아 의기소침해 있을 때, 괜찮다고 응원해줄 수 있는 사람입니다. 이런 찐 팬 모이면 더욱 큰 힘을 발휘합니다. 혼자 가면 빨리 갈 수 있지만, 같이 가면 더 멀리 갈 수 있습니다. 찐 팬들은 앞으로 내 채널을 성장시키는 데 함께하는 동반자가 돼줄 겁니다. 그래서 우리는 지금부터 최대한 많은 찐 팬을 만나야 합니다.

Q - 그럼 찐 팬을 확보할 수 있는 구체적인 방법은 무엇인가요?

A - 구독자 500명에서 1,000명으로 가는 길목에서 꼭 해야 하는 것 중 하나, 찐 팬을 만나러 가는 방법은 많습니다. 그중 하나는 바로 '찐 팬 후보자'를 위한 콘텐츠를 기획하는 겁니다.

내 영상을 보는 시청자가 모두 '찐 팬 후보자'입니다. 언제든 찐 팬이 될 수 있는 사람들이죠. 여러분은 내 시청자가 어떤 사람인지 얼마나 알고 있나요? 여성이 많은가요, 남성이 많은가요? 10대가 많은가요, 40대가 많은가요? 그 사람들은 어떤 채널과 동영상을 주로 보고 있나요?

썸남, 썸녀를 애인으로 만들기 위해서 우리는 그들이 좋아하는 음식은 무엇인지, 어떤 장소를 좋아하는지와 같은 취향에 관련된 정보를 모읍니다. 찐 팬 후보자를 찐 팬으로 만드는 것도 똑같습니다. 찐 팬 후보자에 대한 정보를 모아 그들이 원하는 것을 줄 방법을 고민해 봅시다. 우선 내 시청자가 어떤 유형의 사람인지 알아볼 차례입니다. 다행히 우리는 유튜브 스튜디오가 내 시청자에 대한 모든 정보를 제공한다는 사실을 알고 있습니다. 다음 사진을 확인해 봅시다.

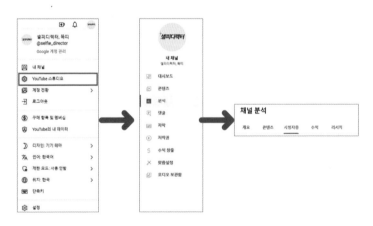

(시청자 정보 확인 : 유튜브 스튜디오 → 분석 → 시청자층)

누구나 한 달 만에 유튜브 구독자 1,000 명 만들 수 있다

이곳에서 알 수 있는 정보는 다음과 같습니다.

- 재방문 시청자, 순 시청자, 구독자 수
- 시청자의 증가를 유도한 동영상
- 내 시청자가 유튜브를 이용하는 시간대
- 구독자 종 모양 아이콘 알림 비율(내 채널의 모든 알림 사용 설정한 구독자)
- 구독자 시청시간
- 연령 및 성별
- 내 시청자가 시청하는 채널
- 내 시청자가 시청하는 콘텐츠
- 내 시청자가 유튜브에서 시청하는 형식(동영상/쇼츠/실시간)
- 많이 본 지역
- 인기 자막 언어

이 중에서 '내 시청자가 시청하는 채널과 콘텐츠' 항목은 좀 더 주의 깊게 살펴볼 필요가 있습니다. 내 시청자가 어떤 채널과 콘텐츠에 관심을 가지는지 확인할 수 있기 때문입니다. 시청자가 해당 채널을 구독하고, 콘텐츠를 시청하는 이유가 무엇인지 생각해 봅시다.

또, 놓치지 말아야 할 것이 있습니다. 바로 동영상 댓글 창입니다. 예를 들어 '일을 잘하는 사람, 일잘러가 되는 방법'이라는 제목의 동영상이 있다고 가정합시다. 깔끔한 정장 차림을 한 사람이 화이트보드 앞에 서서 다양한 업무처리 방법에 관해 설명하고 있습니다. 댓글 창으로 시선을 옮겨 보니, 이런 질문이 있습니다.

"업무를 하면 할수록 센스 자체가 부족하다는 게 느껴져요. 어떻게 하죠?", "일하는 방법은 잘 알겠어요. 그런데 상사가 질문하면 뭐라고 답할지를 모르겠어요." "일보다 사내 인간관계가 더 어려워요. 공적인 대화는 잘하는 편인데, 사적인 주제가 나올 때면 대화하기 힘든데, 방법이 있을까요?"

이게 바로 찐 팬 후보자들이 원하는 것들입니다. 댓글을 잘 살펴보다 보면 찐 팬 후보자들이 어떤 일상을 보내는지, 그 속에서 어떤 생각을 하고 행동을 하는지, 또 더 나아가서는 어떤 미래를 꿈꾸는지까지 추측해볼 수 있습니다. 다음 사진은 위 질문에 대해 제가 가진 정답을 담은 동영상의 썸네일입니다.

센스 있게 대답하는 법

상사 질문에 대답하는 법

사적 대화, 칭찬에 대답하는 법

자, 이제 여러분도 시청자 질문에 답을 해봅시다. 그러면 찐 팬 후보자를 위한 콘텐츠가 만들어집니다.

악플러와 찐 팬은 한 끗 차이다.

유튜브 채널 구독자와 조회 수가 늘어나면 늘어날수록 찐 팬도 모이지만, 완전히 반대되는 성향의 사람들도 모이기 시작합니다. 바로 악플러입니다.

"밤길 조심해라. 쥐도 새도 모르게 사라지게 해주겠다. 나는 네가 세상에서 숨을 쉬는 게 싫다. 반드시 가만두지 않을 테니 두고 봐 라."

최근에 제 채널에 써진 악플 중 가장 수위가 높았던 악플입니다. 사실 최대한 순화한 겁니다. 원본에는 비속어뿐만 아니라 가족과 관련된 이야기까지 있었습니다. 만약 여러분이 이런 댓글을 받는 다면 어떻게 하실 건가요?

당장 악플에 댓글을 달아 눈에는 눈, 이에는 이로 맞대응할 건가요? 아니면 아예 관심조차 주지 않을 건가요? 사람마다 제각기 다르게 반응하겠지만, 모두 같은 상처가 생길 겁니다. 찐 팬을 만나는 대가로 여기기에는 너무 가혹하다는 생각이 들기도 하고, 거친 위협에 두려움을 느낄 수도 있겠지요. 내 채널이 성장한다는 건 내 동영상이 많은 사람에게 닿는다는 의미입니다. 그래서 악플러는 무조건 찾아올 수밖에 없습니다.

Q - 그럼 사전에 악플러를 대하는 방법을 알아두면 좋지 않을까요?

A - 물론 미리 알아두면 좋습니다. 그렇지 않으면 공들여 키운 유튜브 채널을 삭제하고 싶은 충동에 휩싸일 수도 있으니까요.

👍 악플을 다는 사람이 어떤 사람인지 궁금해하지 않는다.

악플을 다는 사람이 어떤 사람인지 이해하려 하지 않는 겁니다. 악플이 달리면 이런 생각이 듭니다. "도대체 어떻게 된 사람이길래 이런 생각을 하지?" 아무리 고민해도 답을 내기가 쉽지 않습니다. 구체적인 모습이 떠오르지도 않을뿐더러 이미 내가 격한 감정에 휩싸인 상태일 확률이 높기에 이성적인 판단을 하기 어렵습니다. 그러면 애초에 고민을 시작하지 않으면 됩니다. "세상에, 저렇게 불쌍한 사람이 있구나." 정도로 여기면 충분합니다.

👍 악플의 흔적을 지운다.

악플이 보이는 즉시, 삭제 버튼을 눌러 봅시다. 우리는 모두 유튜브 채널 운영자입니다. 유튜브 플랫폼 전체는 아니지만, 적어도 내 채널 안에서는 절대적인 통제권을 갖고 있다는 말입니다. 내 채널에 달린 댓글을 삭제할 수도 있고, 아예 댓글 창을 없애버릴 수도 있습니다.

물론 권력을 마구잡이로 휘두르라는 이야기는 아닙니다. 비난과 비판을 구분하는 것이 중요합니다. 비난이 담긴 댓글은 근거 없는 비방, 욕설, 인신공격, 남들에게 불쾌감을 줄 만한 내용이고, 비판이 담긴 댓글은 영상을 보고 느낀 감정, 피드백이 담겨 있습니다.

비난과 비판을 받으면 둘 다 썩 유쾌한 기분이 들지는 않습니다. 그러나 비난과 비판은 반드시 구별해서 대응해야 합니다. 비난은 그 흔적을 지우고, 비판은 이리저리 샅샅이 살펴봅시다.

비난은 교묘하게도 다른 사람 마음속에 은밀하게 스며드는 습성이 있습니다. 식당에서 음식을 먹는 도중, 옆 테이블 사람이 음식에 대해 부정적인 평가를 쏟아내면 어떤 마음이 드나요? 음식을 맛있게 먹고 있다가도 뭔가 문제가 있나 싶어 이리저리 살펴보게 됩니다. 댓글도 마찬가지입니다. 내 동영상을 흥미롭게 보던 사람이 악플러가 남긴 비난 댓글을 보면, 자신도 모르게 휩쓸려 갑니다. "그래, 저 사람이 그렇게 말하니까 그런 것 같은데?"라는 식입니다. 만약 몇 사람에게서 그치지 않고, 다수에게로 흘러들면 더 문제입니다. 군중심리가 퍼지기 시작하기 때문입니다. "이 유튜버는 예전에는 겸손했는데, 지금은 전혀 아니다."라는 식의 정체불명의 소문도 생길 수도 있습니다. 그러니 비난 댓글의 흔적은 오래 남겨두지 않는 게 좋습니다.

비판 댓글은 악플과 모양새가 비슷해 악플러가 남긴 것으로 생각할 수도 있지만, 사실은 내 찐 팬이 남긴 댓글일 수도 있습니다. 20년 지기 친구끼리는 가끔 날 것의 말을 툭툭 내뱉고는 합니다. 특히 친구가 잘못되거나 위험한 방향으로 나서는 걸 말리고 싶을 때 그렇습니다. 오랜 시간 나와 함께한 찐 팬이 담은 진심을 놓치지 말아야 합니다. 한 사람의 작은 목소리처럼 보이지만, 사실은 다수의 큰 목소리일 수도 있습니다. 물론 비판의 모습을 한 교묘한 비난도 있을 수 있습니다. 비판을 가까이하다 보면 1초만 봐도 쉽게 구분됩니다. 누군가 당신에 관한 헛소문을 퍼트리려고 하나요? 그럼 지금 당장 삭제 버튼을 눌러 봅시다.

👍 찐 팬을 찾아가라.

악플의 흔적을 지우고 나서도 마음이 후련하지 않다면, 이제는 찐 팬을 찾아갈 때입니다. 찐 팬은 내 동영상 곳곳에 있습니다. 이

왕이면 악플러가 있었던 동영상으로 찾아가 봅시다. 악플에 가려 보이지 않았던 찐 팬의 댓글이 남아있을 겁니다.

나쁜 소문의 발이 좋은 소문보다 빠른 것처럼, 잔뜩 날이 선 악플이 눈에 먼저 들어오면 선플은 뒷전으로 밀리기 마련입니다. 내가 놓친 따뜻한 마음을 다시 찬찬히 살펴봅시다. 그리고 곱씹어 봅시다.

내가 만든 콘텐츠에 담긴 메시지로 소통하는 사람들을 떠올려봅시다. 단 한 명의 악플러 보다, 수백 명 혹은 수천 명의 소중한 사람에게 시간을 더 쏟아봅시다. 저는 매일매일 흔적을 지우고, 다른 마음으로 빈자리를 채우는 과정을 하고 있습니다.

유튜브 수익 창출 조건과 경로를 알아보자

드디어 유튜브 구독자 1,000명을 만들었습니다. 물론 시청시간 4,000시간 모두 1년 이내에 달성했습니다. (쇼츠 영상 기준은 조회 수 1,000만 회, 단, 90일 이내) 수익 창출 기능을 모두 사용할 수 있게 됐고, 드디어 구글에서 월급을 받을 자격이 생긴 겁니다. 유튜브 시스템이 제공하는 수익 창출 기능에 관한 상세 내용은 다음 표와 같습니다.

구분	내용	채널 자격요건 기준	최소 요건
채널 멤버십	구독자에게 일정 수준의 대가를 받고, 특별한 혜택을 제공하며 얻는 수익을 말합니다.		- 만 18세 이상 - 채널 멤버십이 제공되는 국가에 거주 - 상거래 제품 부속 약관 또는 이전에 제공된 상거래 제품 관련 추가 조항에 동의함 - 채널이 아동용으로 설정되어 있지 않으며 동영상 상당수가 아동용으로 설정되어 있지 않거나 자격요건을 불충족하지 않음 - SRAV를 체결한 음악 채널이 아님 (유튜브와 음악 파트너 계약을 맺은 채널)
YouTube Shopping (자체 제품)	유튜브 스토어에서 시청자가 제품을 구입했을 때 얻는 수익을 말합니다.(자체 제품)	**(공통)** - 구독자 수 500명 - 지난 90일간, 공개 동영상 업로드 3회 **(선택)** - 지난 365일간, 긴 형식(1분 초과) 공개 동영상의 시청시간 3,000시간 또는 - 지난 90일간, 공개 Shorts 동영상의 조회수 300만 회	- 구독자 수 기준을 충족하거나 공식 아티스트 채널 - 채널이 아동용으로 설정되어 있지 않으며 동영상 상당수가 아동용으로 설정되어 있지 않음 -채널에 YouTube 채널 수익 창출 정책을 위반하는 동영상이 많지 않음 -채널이 증오심 표현에 대한 커뮤니티 가이드 위반 경고를 받지 않았음
Super chat /Super Sticker	실시간 채팅이 설정된 실시간 스트리밍 또는 Premieres 동영상의 시청자가 일정 금액을 지불하면 자신의 채팅 메시지를 상단에 고정하거나, 스티커 모양으로 강조할 수 있습니다. 그때 얻을 수 있는 수익을 말합니다.		-만 18세 이상 -Super Chat 및 Super Sticker가 제공되는 국가/지역에 거주 -상거래 제품 부속 약관 또는 이전에 제공된 상거래 제품 관련 추가 조항에 동의함
Super thanks	이미 업로드 한 동영상에 시청자가 일정 금액을 지불해 댓글을 달 수 있습니다. 최소 2,000원에서 500,000원까지 지불할 수 있고, 그 때 얻을 수 있는 수익을 말합니다.		- 만 18세 이상 - Super Thanks가 제공되는 국가/지역에 거주 - 상거래 제품 부속 약관 또는 이전에 제공된 상거래 제품 관련 추가 조항에 동의함 - SRAV를 체결한 음악 채널이 아님 (유튜브와 음악 파트너 계약을 맺은 채널)

광고 수익	내 유튜브 채널의 긴 동영상과 Shorts 동영상을 클릭할 때마다 동영상 앞, 중간, 뒤에 재생되는 광고의 수익을 말합니다.	**(공통)** – 구독자 수 1,000명 **(선택)** –지난 365일간, 긴 형식(1분 초과) 공개 동영상의 시청시간 4,000시간 또는, –지난 90일간, 공개 Shorts 동영상의 조회수 1,000만 회	– 만 18세 이상이거나, 애드센스를 통해 지급액을 처리할 수 있는 만 18세 이상의 법적 보호자가 있어야 함 – YPP가 제공되는 국가/지역에 거주 – 관련 계약 부속 약관에 동의함 – 광고주 친화적인 콘텐츠 가이드라인을 준수하는 콘텐츠 제작
YouTube premium 수익	YouTube premium을 이용하는 시청자 내 동영상을 시청했을 때 얻는 수익을 말합니다.		– 관련 계약 부속 약관에 동의함 – YouTube Premium 구독자용 콘텐츠 제작
YouTube Shopping(다른 브랜드의 제품)	유튜브 스토어에서 시청자가 제품을 구입했을 때 얻는 수익을 말합니다.(다른 브랜드 제품)	**(공통)** – 구독자 수 20,000명 **(선택)** – 지난 365일간, 긴 형식(1분 초과) 공개 동영상의 시청 시간 4,000시간 또는, – 지난 90일간, 공개 Shorts 동영상의 조회수 1,000만 회	– 구독자 수 기준 충족 – 대한민국 또는 미국에 거주 – 채널이 음악 채널 또는 공식 아티스트 채널이 아니며 음악 파트너와 연결되어 있지 않음. 음악 파트너에는 음반사, 배급사, 제작사, VEVO가 포함될 수 있습니다. – 채널이 아동용으로 설정되어 있지 않으며 동영상 상당수가 아동용으로 설정되어 있지 않음

(※) 전체 요건은 유튜브 고객센터 확인

위의 경로에서 얻어진 수익은 유튜브와 크리에이터가 일정 비율 (예, 보기 페이지 광고 수익 유튜브 45: 크리에이터 55)로 나눠 정산을 받습니다. 이런 수익 외에도 구독자 천 명이 되면 이전보다 외부에서 더 많은 기회가 당신에게 찾아올 것입니다.

Q – 수익 창출 기능은 모두 자동으로 사용 설정되는 건가요?

A - 광고 수익 기능을 제외한 나머지 수익 창출 기능은 '사용 버튼'을 클릭해야 합니다. (유튜브 스튜디오→ 수익 창출 탭→ 개요→ 각 기능별, 수익 창출 방법 선택) 광고 수익 기능은 사용 버튼을 클릭하지 않아도 됩니다. 유튜브 시스템이 자동으로 바꿔주기 때문입니다. 걸리는 시간은 동영상 개수나 채널 성격에 따라 차이가 있습니다. 만약 자동으로 바뀌지 않았다면, 다음 경로를 따라가 직접 사용 버튼을 클릭해야 합니다. (콘텐츠 → 해당 동영상 세부정보 → 수익 창출→ 사용)

누구든지 구독자 천 명만 달성하면 얻을 수 있는 수익. 부업으로 가볍게 시작해서 안정권에 들어서면 주업으로 전환이 가능한 점은 굉장히 매력적입니다. 자, 이제 여러분이 즐길 차례입니다.

구독자 천 명 달성,
이제 콘텐츠를 확장하자.

1일 광고수익, 2$

제가 구독자 1,000명을 달성하고 나서 얻은 첫 수익입니다. 지금 껏 해온 노력보다 터무니없이 적게 느껴집니다. 환율이 높을 때는 김밥 한 줄은 사 먹을 수 있었는데, 지금은 그마저도 힘듭니다.

노력의 크기가 큰 만큼 실망도 크기 마련입니다. 구독자 천 명을 달성하고 수익을 확인한 후 동영상 업로드 주기가 뜸해지고, 결국 엔 유튜브 채널을 내버려 두는 사람도 있습니다.

기대보다 적은 수익을 보니 어떤 생각이 드나요? 유튜브는 역시 레드오션이야, 에이 괜히 시간만 버렸네. 라는 생각이 드시나요? 괜찮습니다. 우리에게는 유튜브 내부에서뿐만 아니라, 외부에서도 또 다른 수익을 낼 수 있기 때문입니다. 제가 구독자 YPP 1차 가입

요건을 충족하지 않았을 때 외부 강의 요청이 왔었던 것처럼 말이죠. 구독자 1,000명일 때는 더 많은 외부 강의를, 더 높은 금액으로 강의할 수도 있지 않을까요?

기대감이 수익이 되어 돌아오기까지는 얼마 걸리지 않았습니다. 구독자 1,000명이 되면 이전보다 외부에서 기회가 더 많은 기회가 찾아옵니다. 다른 유튜브 채널에서 콜라보 동영상 제작 제안이 오기도 하고, 출판사에서 도서 홍보 광고 제안도 옵니다. 또, 제품 협찬이나 브랜디드 콘텐츠 제작 제안이 올 수도 있습니다. 물론 구독자 수가 천 명이 되지 않아도 기회는 찾아오지만, 분명 이전보다 빈도가 늘어납니다. 그 기회를 수익으로 바꾸는 것은 온전히 크리에이터 스스로에게 달려 있습니다. 내 콘텐츠 가치가 있고, 다양할수록 외부에서 오는 기회의 횟수가 늘어나고 몸값 역시 올라갑니다.

구독자 500명에서 1000명이 되기 위해 우리는 '찐 팬 후보자'를 위한 콘텐츠를 기획했습니다. 이제는 여기에 콘텐츠의 깊이를 더하고, 콘텐츠의 범위를 넓힐 차례입니다. 먼저 범위보다 깊이에 집중하는 것이 더 좋습니다. 콘텐츠에 대해 나만의 철학이 깊어질수록 그 가치가 높아지기 때문입니다.

제가 만든 첫 동영상 주제는 직장생활 스피치였습니다. 처음에는 '신입사원이 첫 출근날 자기소개하는 법, 회식할 때 쓸만한 건배사 추천'과 같은 다수 앞에서 말하는 상황에 활용할 수 있는 스피치만 다뤘지만, 나중에는 '상사에게 질문하는 법, 보고하는 법'과 같이 1:1, 혹은 소수로 대화할 때 쓸 수 있는 대화법에 관한 내용을 담았습니다. 또, 여기에 '마음'이라는 소재를 더 해 '회사 생활 힘들 때 쓰면 마인드 컨트롤 되는 말'이라는 동영상을 만들었습니다.

주제가 깊어지고 난 뒤에는 확장할 차례입니다. 직장생활보다 큰 범주인 인간관계로 확장한 동영상 제목은 다음과 같습니다.

- 은근히 비꼬는 친구 말 받아치는 법
- 무례한 상대에게 단호하게 말하는 법
- 눈치 보지 않고 말하는 법
- 칭찬받았을 때 어색하지 않게 대답하는 법

주제를 확장하면 또 다른 범주에 대한 지식이 생깁니다. 한 단계 더 성장하는 겁니다.

유튜브 구독자 1,000명 달성을 축하합니다. 이제는 또다시 새로운 도전을 시작해봅시다. 어제보다 오늘 더 멋진 내가 될 시간입니다.

권말부록

누구니
콘텐츠 크리에이터가
될 수 있다.

2:15/6:55

잡빌더

'여태까지 세상에 없었던, 새로운 업(業)을 만드는 일'을 하는 사람이다. 콘텐츠 크리에이터를 기획하고, '누구나 유니크 워커(unique walker)가 될 수 있다'라고 외친다.

Q - 왜 많고 많은 직업 중에 콘텐츠 크리에이터를 선택했나요?

잡빌더 - 결론부터 말하자면 그만한 가치가 있기 때문입니다. 하지 않
아도 될 수만 가지 이유가 있지만, 해야 하는 이유 딱 한 가지,
그리고 그것이 진짜 내가 원하는 일일 때 그 한 가지가 수만
가지를 이기는 법이죠.

제가 이 업의 형태를 선택한 가장 큰 이유는 자유로운 삶을 원했
기 때문입니다. 여기서 말하는 자유는 바로 '선택에 대한 자유'입
니다. 수없이 많은 고충이 있지만, 내가 좋아하는 일을 선택하고,
원하는 장소를 선택하고, 편한 시간을 선택하고, 또 함께 일할 사
람들을 내가 선택할 수 있다는 자유, 이 자유에 대한 가치가 그 모
든 단점을 상쇄시킨 것입니다.

저는 정말 다양한 일을 합니다. 콘텐츠를 제작하는 기획자, 글을 쓰는 작가, 강의하는 강사 등, 소위 말하는 콘텐츠 크리에이터입니다. 좋아하는 일들을 하나씩 하다 보니 다양한 역할이 생겨났고, 이 역할은 시간이 지날수록 가치가 높아지고 있습니다.

전문가가 제 콘텐츠를 보면
비웃을까 봐 걱정돼요.

Q – 전문가가 제 콘텐츠를 보면 비웃을까 봐 걱정돼요.

잡빌더 – 되묻겠습니다. 그럼 전문가는 과연 어떤 사람인가요? 막상 물어보면 딱히 정해진 기준이 없는 경우도 많습니다. 보이지 않는 유령과 같은 인물 때문에 스트레스를 받는 거죠. 또 전문가 소리 듣는 사람이 있다고 해도, 그 사람들이 정말로 돈을 잘 버는지는 별개의 문제입니다.

자 그렇다면 지금 전문가처럼 보이는 것에 너무 집착할 필요가 없다는 것은 전달이 되었을 겁니다. 이는 전문가가 되지 말라는 말은 아닙니다. 헷갈릴까 봐 결론부터 얘기하겠습니다. '돈 버는 데 적합한 전문가가 되기'로 결심하면 됩니다.

Q - 그렇다면 돈 버는 데 적합한 전문가는 어떤 사람인가요?

잡빌더 - 혼자 많이 알고 있다고 자랑하는 사람이 아닙니다. 나에게 돈을 내는 사람들에게 관심을 가지고 그들의 불편함을 잘 알아차리고, 딱 그 불편함을 쉽게 해결하는 방법을 아는 사람입니다.

그 방법이 정말 학위를 따거나 또 자격증을 따는 방법밖에 없을까요? 학위를 따서 해결하려는 사람은 그다음 학위에 연연합니다. 자격증을 따서 해결하려는 사람은 또 다른 자격증에 연연합니다. 그 안에서 나에게 돈을 주는 사람, 즉 고객을 위한 고려는 없습니다. 그저 자신이 전문가처럼 보이는 데 초점이 맞춰져 있을 뿐이죠.

그렇게 전문가처럼 보이는 데 집착하게 되면 돈 못 버는 전문가가 되기 쉽습니다. 자존감은 높고 상대의 말을 경청하지 못하는 돈 못 버는 전문가가 될지 모릅니다. 당신은 어떤 전문가가 되고 싶나요?

이 책의 저자는 누구나 한 달이면 유튜브 구독자 천 명을 만들 수 있다고 자신하고 그 방법을 이 책에 세세하게 적었습니다. 이 책의 저자가 진짜 전문가가 아닐까요?

보이지 않는 전문가라는 유령 때문에 스트레스를 받을 필요는 없습니다. 돈 벌지 못하는 전문가 타이틀을 얻기 위한 허상에 집착

하지 않았으면 좋겠습니다. 고객이 공감할 수 있는 이야기를 솔직하고 진정성 있게 하다 보면 자연스럽게 진짜 전문가로 성장하게 됩니다.

새로 만든 콘텐츠가
반응이 좋을지가 고민이라면?

저는 소위 말하는 '디지털 노마드족'으로 노트북 하나만 있으면 어디에서든 업무가 가능합니다. 카페에서 일할 때도 있고, 사무실에서 일할 때도 있고, 우리 집 서재에서 일할 때도 있습니다. 내가 있는 그곳이 사무실이 되며 장소에 제약 없이 일할 수 있습니다.

또 콘텐츠 크리에이터로 일하게 되면, 출퇴근의 피로에서부터 벗어날 수 있으므로 그 에너지를 본질적인 영역에 사용할 수 있습니다. 출퇴근 이동시간만 줄여도 체력적으로나 시간적으로나 에너지를 비축할 수 있고, 그 축적된 에너지는 고스란히 콘텐츠를 개발하고 기획하는 업무 본질적인 영역에 투자할 수 있습니다.

그리고 처음부터 무리해서 사무실을 계약할 필요가 없다는 것 또한 유튜버 같은 크리에이터의 장점 중 하나입니다.

요즘은 공유 오피스도 시설이 정말 잘 갖춰 있습니다. 일하는 데

편리한 카페도 활성화되어 있고, 1인 독서실처럼 부담 없는 보증금에 나만의 사무실을 만들 수 있는 공간도 활성화되어 있으니 내 성향을 잘 파악해서 업무 효율성을 극대화할 수 있는 곳을 선택해 봅시다.

콘텐츠 크리에이터로 살아가는 데 가장 매력적인 부분 중 하나는 무엇보다 일하는 방식입니다. 일방적인 지시나 상명하복의 폐쇄형 구조가 아니라 내가 직접 아이디어를 내고, 바로 실행할 수 있는 개방된 구조이므로 조직에 있을 때보다 훨씬 더 많은 경험을 할 수 있습니다. 그리고 이 경험들은 모두 콘텐츠가 되기 때문에 시도가 성공하든 실패하든 관계없이 더 많은 경험을 하면 할수록 콘텐츠는 쌓이게 됩니다.

지금과 같은 디지털 시대에는 규모의 경제가 아니라 속도의 경제가 주를 이루고 있습니다. 빠르게 변화하는 시대 속에서 살아남기 위해서는 그에 맞는 속도가 필요합니다. 과거에는 덩치가 큰 기업이 독점하는 시대였지만, 지금은 스타트 업으로 시작해도 크게 성장하는 기업들이 많이 생겨나고 있습니다. 그만큼 빠르게 변화하는 시대의 흐름을 타고, 그 흐름에 맞는 속도와 기동력을 갖추고 유연하게 대처하는 기업만이 살아남는 시대가 되었습니다. 완벽한 계획안을 쫓기보다 일단 실험하고 실행해서 빠른 피드백을 얻는 게 지금 시대가 원하는 방식입니다.

유연하게 대응할 수 있는 이런 측면 덕분에 유튜버 같은 1인 기업형태는 업무 효율적인 면에서 탁월합니다. 누구 눈치를 볼 필요도 없고, 라인을 탈 필요도 없고, 상사나 상위부서의 컨펌을 기다릴 필요도 없습니다. 고객 요청에 빠르게 응대할 수 있고, 지속적인 피드백으로 보완된 콘텐츠가 만들어질 수 있는 구조이므로 속도전에서 강한 업의 형태인 것입니다.

Q - 매번 새로 만든 콘텐츠가 반응이 좋을지가 고민입니다. 업로드하지 않은 것도 꽤 있어요.

> 잡빌더 - 제작한 콘텐츠가 뜰지 가라앉을지, 사업화될지 되지 않을지는 일단 시도해봐야 압니다. 될지 말지 고민만 계속하면 죽을 때까지 걱정만 하다 끝납니다. 그래서 일단 시도해봅시다. 그래야 알 수 있습니다.

● 시행 → 피드백 → 재시행

위와 같은 식으로 계속해서 경험을 쌓아야 합니다. 실력은 이렇게 만드는 것입니다. 강의도 많이 해봐야 느는 것이고, 글도 계속

써야 늘고, 영상도 계속 찍어봐야 발전합니다. 그리고 이 단계에서 포인트는 바로 피드백입니다. 피드백하지 않고 계속 경험만 하면 의미가 없습니다. 점점 더 나아지고 싶다면 뼈를 깎는 피드백을 동반해야 합니다.

사적인 생각을 콘텐츠로 바꾸기 위해
가장 필요한 것은?

콘텐츠 크리에이터의 삶을 시작하며 정했던 세 가지 핵심 운영 원칙이 있습니다. 바로 생각, 기록, 공유입니다.

"오래 생각하고, 세밀하게 기록해서, 필요로 하는 많은 사람에게 전하자."

지금까지 지켜온 나름의 소신입니다. 그중에서도 사적인 생각이 콘텐츠가 되기 위해 가장 중요한 것은 '공유'입니다. 내 생각과 기록을 나 혼자 가지고만 있으면 콘텐츠라고 할 수 없습니다. 뭐가 됐든 세상에 내놓아야 콘텐츠가 될 수 있고, 다른 사람들과 나눠야 콘텐츠가 될 수 있습니다. 그래서 어떤 생각과 기록이라도 열심히 공유했다는 의지는, 사적인 생각을 콘텐츠로 만들기 위해 가장 필요합니다.

공유의 가치는 피드백의 기회에 있습니다. 공유를 시도하고, 꾸준히 공유하다 보면 '반응'이 생깁니다. 이 반응을 통해 내 기록의 가치와 가능성에 대해 가늠해볼 수 있습니다. 그러면서 자연스럽게 내 색깔이 나올 수 있고, 내가 잘 기록하는 분야가 무엇인지도 알아낼 수 있습니다. 이렇게 나의 기록은 점점 콘텐츠로 만들어 집니다.

지금은 볼 것이 참 많아진 시대입니다. 이렇게 볼 것이 많아진 콘텐츠 시장에서 내 생각과 기록이 눈에 띄는 건, 과거보다 더 어려워졌습니다. 결국은 계속 내 생각과 기록을 공유하면서 콘텐츠로 그 가치를 증명받는 방법밖에 없습니다. 그러기 위해서는 꾸준히 내 기록을 기꺼이, 아끼지 않고 나누겠다는 '공유 정신'이 기본적으로 깔려있어야 합니다.

저도 최대한 많은 것을 공유하려고 합니다. 작가로 살아가면서 든 생각과 시행착오를 기록하는 작가 운영 일기, 여행하며 든 생각을 기록하는 여행 일지, 한 권의 책이 나오기까지의 과정을 다룬 블로그(유튜브) 책쓰기 등입니다.

이런 것들의 공유가 지금의 저를 만들었습니다. 내 기록을 콘텐츠로 여겨주는 팬을 모을 수 있었던 거죠. 결국, 공유 덕분에 생각과 기록이 누군가에게 닿아 완성됐고, 택스코디, 북스빌더, 잡빌더 같은 부캐가 성장할 수 있었습니다.

참고로 좋아하는 일로 돈 버는 7단계 과정은 다음과 같습니다.

1. 좋아하는 일을 하는 과정을 꾸준히 기록한다.

↓

2. 기록을 SNS 채널에 공유한다.

↓

3. 관심사가 같은 사람들과 교류한다.

↓

4. 그들에게 도움을 주고 가치를 전달한다.

↓

5. 과정을 반복하며 내 채널의 팬을 만든다.

↓

6. 그들이 겪는 문제를 조사하고 파악한다.

↓

7. 진심으로 문제를 해결해 줘서 가치(돈)를 창출한다.

본질에 집중하자

콘텐츠 전문성을 강화하기 위해서는 본질에 집중해야 합니다. 초보 크리에이터가 가장 많은 실수를 저지르는 부분이기도 합니다. 본인이 만든 콘텐츠가 단기간에 대박을 터뜨릴 수 있다면 가장 좋겠지만, 대부분 일정 기간 이상 꾸준하게 노력해야 성과를 낼 수 있는 구조를 가집니다. 그리고 그런 성과는 하나의 길을 진득하게 팠을 때 나오는 결과입니다.

많은 사람이 여기에서 오류를 범합니다. 이 땅을 조금 팠다가 아닌 것 같아서, 그 옆자리를 파고, 그러다가 또 아닌 것 같아서 그 옆자리를 팝니다. 결국, 우물은 한 자리를 파는 사람에게 돌아가는 아웃풋입니다.

사업도 마찬가지입니다. 아직 메인 콘텐츠가 자리를 잡지도 않았는데, 이것저것 문어발식으로 비즈니스 모델을 만들기만 한다면 결국 그 끝은 망하는 것입니다.

콘텐츠 크리에이터의 가장 큰 자산은 본인의 에너지이며 그 한정된 에너지를 어느 분야에 선택하고 집중해야 하는지 아는 것이 운영의 핵심입니다. 한 분야를 꾸준하게 파도 될까 말까한데, 사업이 자리를 잡기도 전에 그 에너지가 분산된다면 당연히 좋은 결과를 얻을 수는 없습니다.

기본이 가장 중요합니다. 어떤 콘텐츠로 비즈니스를 하든지 묵묵하게 본인의 길을 걸어갑시다. 그리고 본질에 집중합시다. 시간이 흐르면 자연스레 비즈니스 모델은 확장되기 때문입니다.

전문성을 강화하는 좋은 방법은 자료관리 시스템을 만드는 것입니다. 콘텐츠를 만들어 비즈니스를 시작하고, 어느 정도 안정궤도에 오르게 되면 중요하게 작용하는 것이 바로 이 영역입니다. 콘텐츠 크리에이터는 단계에 맞게 그때그때 시스템을 구축해놓는 것이 중요합니다. 시간이 갈수록 중대한 결정에 에너지를 쏟아야 할 일이 많은데, 그때마다 시스템 관련 부분을 해결하느라 에너지를 쏟는다면 굉장한 낭비가 되기 때문입니다.

저는 인풋과 아웃풋을 할 때 '수집 – 분류 – 활용'의 3단계를 거칩니다. 먼저 수집 단계에서는 공과 사를 구분하지 않고, 일상의 모든 영역에서 아이디어와 자료를 수집합니다. 언제 어디서 좋은 인사이트를 받게 될지 모르므로, 늘 레이더를 세워두고 아이디어를 수집합니다. 기본적인 자료 유입 루트는 단연 책입니다. 도서뿐만 아니라 신문, 칼럼, 논문, 보고서 등의 텍스트를 기본으로 활용하고 맘에 드는 작가나 대표의 직접 강연을 신청해서 특강도 듣고, 세미나도 듣습니다. 온라인 강의를 활용하기도 합니다.

이뿐 아니라 다큐멘터리, 드라마, 영화, 심지어 예능 프로그램과 웹툰에서도 영감을 받을 때가 종종 있습니다. 트렌드를 공부할 때는 당연히 예능을 통해서 영감을 받을 때가 많고, 강연 사례나 에피소드, 좋은 명언을 수집할 때도 웹툰이나 드라마에서 아이디어를 얻는 경우가 많습니다. 이렇게 다양한 루트를 통해 자료를 수집합니다.

이렇게 수집한 자료를 주제별로 분류하는 것입니다. 종이책, 종이 신문 등에서 수집한 자료를 그때그때 주제별로 분류합니다. 노트북에 자료를 백업하고 분류해서 언제, 어디서든 찾고 싶은 자료를 활용할 수 있도록 환경을 만들어 둡니다.

이 단계에서 핵심은 활용을 전제로 한다는 것입니다. 가령 강의가 갑자기 들어와도 바로바로 강연자료집을 만들 수 있게끔 자료들을 일목요연하게 분류하는 게 핵심입니다. 이렇게 분류된 자료들은 특강, 코칭, 집필, 컨설팅 등에 유용하게 활용됩니다.

이렇게 본인만의 자료관리 시스템을 구축한다면 기회가 왔을 때 언제든지 활용할 수 있는 콘텐츠 크리에이터가 될 것입니다.

얼마나 다른가?

콘텐츠를 만들 때 전문성만큼 중요한 것이 차별성입니다. 모든 콘텐츠가 상향 평준화된 시대에 좋은 콘텐츠를 만드는 요소는 '얼마나 다른가?'에 달려 있습니다. 얼마나 잘 만들었는지는 더는 중요하지 않습니다.

어느 분야든, 어떤 장르를 막론하고, 이제 well-made는 기본 중 기본이 되었습니다. 콘텐츠 크리에이터로서 우리는 남들과 다른 무언가를 만들어야 합니다. 바로 군계일학. 즉 독보적인 콘텐츠를 말하는 겁니다.

나음보다 다름을 추구해야 하는 시대에 살고 있으므로 우리는 남들과는 다른 차별화된 콘텐츠를 생산해야 합니다.

차별화된 콘텐츠를 만들려면 자기 탐색과 창의성을 결합해야 합니다. 이 영역에서 가장 중요한 핵심은 바로 창의성입니다. 이미

기존 시장이 레드오션이라 할지라도 그 안에서 잘되는 사람들은 분명 존재합니다. 그리고 그들을 분석해보면 확실히 남들과 다른 무언가를 가지고 있다는 점을 알 수 있습니다.

'경쟁자들과는 다른 나만의 탁월한 점은 무엇인가?'

스스로 질문해봅시다. 어떻게 다른 콘텐츠를 만들 수 있을까요? 창의성, 이것을 잡아야 합니다. 창의성이란 무에서 유를 만들어내는 게 아닙니다. 지식의 빅뱅 시대를 사는 지금 시대의 창의성은 '연결'이 핵심입니다. 기존에 존재하는 것 중에서 어떤 분야를 융합하고 결합할 수 있을지를 고민해야 합니다.

창의적 사고는 서로 다른 아이디어를 연결하는 것에서부터 시작합니다. 세계 최대 택시회사 우버에는 택시가 없고, 세계 최고 SNS 회사인 페이스북에는 콘텐츠가 없습니다. 기존 택시와 플랫폼을 결합하여 만든 것이 우버이고, 페이스북 역시 플랫폼입니다. 무엇을 연결하느냐의 차이가 결과의 차이를 만듭니다.

이미 있는 제품, 이미 많은 사람이 하는 분야라 할지라도 어떻게 생각하느냐에 따라 차별적인 요소는 충분히 만들 수 있습니다.

남들과 다른 콘텐츠를 생산할 수 있어야 크리에이터로 생존할 수 있습니다. 어딜 가든 볼 수 있는 것 말고, 어디서든 배울 수 있는 콘텐츠 말고, 여기서만 보고, 느끼고, 배울 수 있는 콘텐츠를 생산해야 합니다.

내가 걸어가려고 하는 분야가 있다면 나는 무엇을 연결할 수 있을까 질문해봅시다. 좋은 아이디어는 끊임없이 스스로에게 질문하고, 고민하는 시간에 비례해서 탄생하게 될 것입니다.

인풋도 중요하고 아웃풋도 중요하지만, 이에 못지않게 중요한 것은 바로 나의 뇌로 들어온 정보들이 자리를 잡고 서로 연결될 수 있도록 충분한 시간을 주는 것입니다. 팁을 하나 드리자면 하루 중 일정한 시간을 떼어 휴식할 수 있는 시간을 가지면 좋습니다. 편안한 상태에서 아무것도 하지 않고 10분, 20분 뇌를 쉬게 하는 것입니다.

그러나 이 10~20분조차 가만히 앉아 있는 것을 힘들어하는 사람들이 많습니다. 수많은 자극과 정보, 그리고 단 1분 사이에도 몇십 개의 알림과 피드가 뜨는 SNS 시대를 사는 현대인에게 있어서 어쩌면 가장 어려운 게 '아무것도 하지 않기'가 아닐까 생각합니다.

클릭 한 번이면 세상의 모든 정보와 지식을 찾을 수 있는 시대지만, 정작 내 생각은 한 줄도 쓰기 어려워진 시대, 그럴수록 철저하게 혼자가 되어 사색하는 시간을 훈련해야 합니다. 창의적인 아이디어는 이때 생겨나기 때문입니다. 창의성을 키우는 방법은 인풋과 아웃풋 사이 소화할 수 있는 시간을 두는 것입니다. 훌륭한 아웃풋을 만들기 위해서는 훌륭한 인풋이 전제되어야 하고 아이디어들이 만들어질 수 있도록 충분한 시간을 만들어 줘야 합니다.

　뭐든지 가치 있는 것들은 충분한 시간이 필요합니다. 가만히 앉아서 핸드폰을 만지지 않고, TV도 보지 않고, 컴퓨터도 보지 않고 잠시만 그렇게 뇌를 쉬게 해줍시다. 하루 중에서 단 10분, 10분만 해봅시다. 이 훈련을 계속해보면 아주 잠깐 자극적인 것들을 차단했을 뿐인데, 머리가 맑아지고, 내가 무엇을 해야 하는지 여러 아이디어가 떠오르는 덤까지 얻을 수 있을 것입니다.

모든 것은 독자 중심이어야 한다.

　온라인 콘텐츠를 살펴보면 점점 롱폼(긴 호흡을 통해 메시지를 전달하는 콘텐츠)에서 숏폼(짧은 시간에 소비할 수 있는 콘텐츠)으로 바뀌고 있습니다. 모바일 서비스가 확장되며, 롱폼 서비스의 빈틈을 노린 숏폼 서비스가 하나둘 등장하면서 온라인 콘텐츠 포맷은 큰 변화를 맞이하게 됐습니다. 콘텐츠 크리에이터라면, 이제 숏폼 콘텐츠에 관한 고민을 해야 합니다.

　모든 것은 '독자 중심'이어야 합니다. 내가 하고 싶은 걸 어느 정도 밀어붙이는 것도 창작자가 가져야 할 덕목 중 하나일 수 있지만, 결국 창작자는 대중과 만나야 하고 대중의 선택이 콘텐츠에 가치를 부여합니다. 그러기 위해서는 독자가 무엇을 원하는지, 내 콘텐츠가 독자에게 어떤 가치를 줄 수 있는지 고민해야 합니다.

　블로그에서는 사진 한 장에 한 줄 설명만 올리면 성의 없는 게시

글처럼 보입니다. 하지만 인스타그램에서는 그렇지 않습니다. 이조차도 콘텐츠로 인정받고 어떨 때는 힙하게 보이기까지 합니다. 인스타그램은 가볍게 올리고, 가볍게 둘러보는 공간으로 자리 잡았고, 각 잡고 콘텐츠를 올리다가 스트레스를 받은 수많은 SNS 피난민을 받아냈습니다.

게다가 인스타그램에 스토리 기능이 추가되면서 숏폼 콘텐츠의 생산성이 더 강해졌습니다. 스토리는 하루가 지나가면 사라지는 휘발성이 있습니다. 그래서 피드로 올리기에는 살짝 부족하다고 여기면서도, 지인들과 나누고 싶은 일상 속 사진과 영상이 스토리로 쏟아지기 시작했습니다.

매일 수많은 콘텐츠가 쏟아집니다. 하지만 모든 콘텐츠가 뜨진 못합니다. 모두가 좋은 결과를 기대하고 콘텐츠를 만들지만 뜨는 콘텐츠보다 사라지는 콘텐츠가 더 많은 요즘, 우리에게 필요한 것은 '대중적 감각'입니다.

대중이 무엇을 좋아하는지를 빨리 알아채고 대중과 항상 맞닿아 있는 감각이 필요합니다. 평소 인풋이 중요한 이유가 여기에 있습니다. 크리에이터라면, 대중이 선택하는 콘텐츠는 반강제적으로 볼 필요가 있습니다. 그런 콘텐츠의 성공 원인을 나름대로 분석해보고, 내 것으로 만들 수 있는 건 내 것으로 만들어야 합니다. 결국은 떠야 콘텐츠가 될 수 있고, 떠야 나를 찾는 사람이 꾸준히 생깁니다.

잠재 독자에게 미리 의견을 구해보는 것도 좋은 방법입니다. 클라우드 펀딩을 통해 창작물의 흥행과 수요를 미리 확인하고 제작에 들어가는 것처럼, SNS를 통해 적극적으로 의견을 들어보고 콘텐츠를 만드는 것도 좋은 방법입니다.

독자는 정직하고, 솔직합니다. 그래서 소름 끼치도록 무서울 때도 있지만, 독자의 감은 가능한 만큼 존중하고 믿어보려 합니다.

지금은 모두가 크리에이터가 될 수 있는 최적의 시대입니다. 기존 매체의 레거시는 약해지고 있고, 디지털을 통해 공평하게 나를 내세울 수 있는 시대입니다.

누구나 크리에이터가 될 수 있습니다. 누가 먼저 자신의 기록을 기획력을 갖춘 콘텐츠로, 빠르게, 대중적 감각을 담아 선보이는가의 차이일 뿐입니다.

어떤 영역이든 가장 중요한 것은 타겟층을 분명히 하는 것입니다. 특별한 고객층 없이 '저는 모든 연령대, 남녀노소 할 것 없이 모든 사람이 제 고객입니다'라고 한다면 망하기 딱 좋은 콘셉트일 것입니다. 고객층이 모든 사람이라는 것은 그 누구도 만족시킬 수 없다는 것을 뜻합니다. 남녀노소 누구나가 다 원하는 아이템을 판매하는 것만큼 어리석은 일은 없습니다.

결론부터 말하자면 점을 찍고, 그 점에서 고객층을 점점 확장해 나가야 합니다. 타겟층은 분명하고 명확하며, 그리고 뾰족해야 합

누구나 한 달 만에 유튜브 구독자 1,000 명 만들 수 있다

니다.

어떤 사람들과 함께할 것인가를 고민할 때도 저는 선택과 집중을 합니다. 저와 가치관이 맞는 사람들과 인사이트를 나누며 같이 성장하고, 서로의 삶을 응원하는 관계가 되길 원하기 때문입니다. 결국, 그 관계는 뜨거워졌고, 든든한 조력자를 얻게 됐습니다.

만약 블로그를 운영하고 있다면 일일 방문자 수에 너무 연연하지 맙시다. 방문자 수는 말 그대로 방문자 수입니다. 단순히 일일 방문자 수만 높이고 싶다면 네이버 실시간 검색어와 유사한 포스팅을 발행하거나 공동구매 (일명 공구) 종류의 글을 올리면 어렵지 않게 방문자 수를 높일 수 있습니다. 그러나 이렇게 얻은 투데이는 내가 자체적으로 생성한 콘텐츠로 얻은 투데이가 아닙니다. 하루에 수천에서 수만 명의 사람이 물건을 사기 위해 내 블로그에 오고, 그 유명세로 지식 크리에이터라는 주제로 책을 낸다 한들 그 고객 중 내 책을 사줄 사람은 사실 거의 없죠.

페이스북 '좋아요 마케팅'도 마찬가지입니다. 좋아요 수가 수천 건에 이르렀다 해도 그것이 매출에 직접적인 영향은 주지 못한다는 학계 연구발표가 있었죠. 정보의 파급력과 확산력은 생길지라도, 그 좋아요를 누른 사람 전부가 내 고객은 아니라는 뜻입니다. 그러니 표면적인 수치에 너무 연연하지 맙시다.

나만이 가진 양질의 콘텐츠를 지속해서 블로그에 업로드하면, 유익한 정보를 얻고 싶은 사람들은 계속해서 당신의 블로그로 모일 것입니다. 흘러가는 천 명보다, 입소문을 내줄 수 있는 강력한 팬층 100명이 훨씬 낫습니다. 양보다 질이 중요합니다. 오히려 보이는 것에 너무 연연해서 투데이를 높이려고 자극적인 키워드나 실시간 검색어 등 무작위적인 글들로 블로그를 가득 채운다면, 나만의 정체성과 전문성은 사라지게 되어 기존에 있던 유의미한 독자층 역시 사라지게 될 것입니다.

훌륭한 콘텐츠는
하늘에서 떨어지는 것이 아니다.

생각을 기록하고, 이를 콘텐츠로 만드는 데 있어서 중요하게 생각했던 것이 있습니다. 바로 '인풋 소스 루틴'입니다. 생각은 절대 그냥 만들어지지 않습니다. 인풋이 있어야 그만큼 아웃풋이 나오고, 인풋의 질에 따라 아웃풋의 퀄리티가 크게 달라지기도 합니다. 좋은 재료로 음식을 만들어야 음식 맛이 훌륭하듯, 좋은 콘텐츠도 좋은 재료로 만들어야 질이 좋습니다.

Q - 인풋 소스는 구체적으로 어떤 걸 활용하나요?

잡빌더 - 일상에서 다양한 인풋 소스를 즐기고 있습니다. 새로운 생각을 할 수 있도록 도와주는 콘텐츠를 스스로 '인풋 소스'라 부르고 있습니다. 책, 잡지, 팟캐스트, 오디오북, 라디오, 넷플릭스, TV 다큐 프로그램 등이 바로 그 인풋 소스들입니다. 수

많은 인풋 소스 중에서 우열을 가리는 건 쉽지 않지만, 그럼에도 최종으로 딱 하나만 골라야 한다면, 아마 큰 고민 없이 이 콘텐츠를 고를 것 같습니다. 바로 '책'입니다. 좋은 요리를 만들기 위해서는 좋은 재료가 꼭 필요합니다. 결국, 생각을 만드는 것도 같지 않을까 합니다. 생각하고 기록하는 사람도 중요하지만, 습득하는 재료가 좋아야 건강한 생각을 만들고 결국은 찾아보는 콘텐츠가 될 수 있다고 믿습니다. 책은 생각을 위한 가장 탁월한 재료라고 할 수 있습니다.

유튜버는 아웃풋을 내야 하는 사람들입니다. 아이디어를 기획하고, 제작하고, 개발해서 다양한 콘텐츠를 만들어야 하는 업에 있는 사람들입니다. 좋은 콘텐츠를 만들기 위해 수없이 많은 시간을 고민하고, 사색하고, 질문하면서 아웃풋을 만들어냅니다. 훌륭한 아웃풋을 만들기 위해서는 인풋은 기본입니다. 어떤 일이든 인풋 없는 아웃풋은 없습니다. 또 모든 일은 내가 경험한 만큼만 아웃풋을 낼 수 있습니다.

아는 만큼 보이고, 아는 만큼 생각하게 됩니다. 무엇이든지 내가 보고, 듣고, 경험한 만큼만 생각할 수 있고 그 안에서 여러 가지 아이디어들이 연결되고, 재창조되어 아웃풋이 탄생하게 됩니다.

훌륭한 콘텐츠는 하늘에서 떨어지는 것이 아닙니다. 지속해서

독서 하고 배울 때 좋은 콘텐츠도 만들어집니다. 그래서 뭐든지 꾸준해야 합니다. 꾸준함을 통해 절대량을 쌓는 것이죠.

누구나 이런 경험 한 번쯤은 해봤을 것입니다. 대화하거나 앞에서 말할 때, '어, 나도 그거 알아'라고 말하는 사람이 있죠. 그러나 아는 것을 말해보라고 하면 횡설수설하거나 얼버무리는 경우가 많습니다. 아는 것과 설명할 수 있는 것은 수준이 다르기 때문이죠. 그리고 설명하는 것과 설득하는 것은 또 다릅니다. 그리고 마지막으로 설득하는 것과 사람의 마음을 움직이는 것은 차원이 다른 부분입니다. 가장 고차원적인 영역이죠.

콘텐츠 크리에이터는 상대의 마음을 움직일 수 있는 사람이어야 합니다. 그러므로 끊임없이 배우고 또 배워서 마음을 움직일 수 있는 능력을 지닌 사람이 되어야 합니다.